인성교육과 사회적 기업

인성교육과 사회적 기업

초판 1쇄 인쇄 2017년 6월 12일
초판 1쇄 발행 2017년 6월 16일

지 은 이 계명대학교 계명인성교육원 편
펴 낸 이 신일희
펴 낸 곳 계명대학교 출판부
출판등록 제347-1998-1호(1970. 9. 1)
주 소 대구광역시 달서구 달구벌대로 1095
대표전화 053-580-6233
팩 스 053-580-6235
홈페이지 www.kmupress.com

ISBN 978-89-7585-781-2 93320 정가 15,000원

이 도서의 국립중앙도서관 출판예정도서목록(CIP)은 서지정보유통지원시스템 홈페이지(http://seoji.nl.go.kr)와 국가자료공동목록시스템(http://www.nl.go.kr/kolisnet)에서 이용하실 수 있습니다.(CIP제어번호: CIP2017013813)

* 본 연구는 2015년도 계명대학교 연구기금으로 이루어졌음

계명인성교육총서 4

인성교육과 사회적 기업

계명대학교 계명인성교육원 편

계명대학교 출판부

Preface

머리말

최근들어 한국사회에 인성교육과 사회적 기업이 회자되고 있다. 인성교육진흥법이 제정되면서 교육 관련 기관에서 다양한 교육 프로그램이 개발 시행되고 있다. 하지만 인성교육에서 교육 주체인 청소년의 상황에 대한 배려는 부족하다. 오늘날 한국 청년의 현실은 너무나 열악하다. 최근 한국사회에는 "3포 세대", "수저 계급론", "헬조선" 등과 같은 신조어가 등장하면서 청년 세대가 직면한 정치적, 경제적, 사회적 어려움을 극명하게 보여주고 있다. 이런 상황에 처한 청년에게 인성교육은 부담감만 가중시킬 수 있다. 따라서 인성교육이 실효성을 얻기 위해서는 청년의 어려움을 해소해 주려는 노력이 필요하다.

한국의 사회적 기업도 여러 폐단을 초래하고 있다. 사회적 기업이란 사회적 문제를 해결하면서 이익을 추구하는 기업을 말한다. 하지만 최근 사회적 기업가들은 사회적 기업을 정부의 지원을 받기 위한 수단쯤으로 보는 경향이 있다. 겉으로는 사회적 기업이라는 간판을 내걸면서 개인이나 기업의 이익만을 추구한다. 이러한 사회적 기업은 영리기업과 별반 다르지 않다. 하지만 사회적 기업가는 기업가 자질을 지니고 있어야 할 뿐만 아니라 이웃에 대한 사랑과 믿음, 사회에 대한 비판성과 관심, 무엇이 옳고 그른가에 대한 윤리적 소양 또한 지니고 있어야 한다. 한국에서 올바른 사회적 기업을 정착시키기 위해서는 사회봉사 정신이 투철한 사회적 기업가를 양성할 필요가 있다.

인성교육과 사회적 기업은 어떠한 관련성도 없어 보인다. 하지만 양자는 동일한 배경에서 유사한 목적을 달성하고자 한다. 인성교육은 청년들이 이웃에 대한 사랑과 봉사, 사회적 관심을 가지게 하는 교육이라면, 사회적 기업은 사회의 취약계층과 사회적 문제를 해결하기 위한 기업이다. 그래서 사회적 기업과 인성교육은 모두 이웃을 배려하고 사랑하며 사회적 문제에 관심을 가져야 한다는데 동일한 목적을 지니고 있다. 그래서 실효성 있는 인성교육과 공공의식이 투철한 사회적 기업가 양성교육을 결합해 볼 수 있다. 사회적 기업 교육이 청년들의 인성 함양뿐만 아니라 취업에도 도움을 줄 수 있다면, 대학의 인성교육은 사회적 기업가를 양성하기 위한 전문 교육기간이 부재한 상황에서 사회적 기업가 정신을 함양할 수 있는 교육이 될 수 있다. 그래서 본서에서는 대학의 인성교육과 사회적 기업가 양성이 융합된 교육이 가능한가를 논의해 보고자 한다. 이러한 연구 목적을 위해서 본서에서는 다음과 같은 내용을 다루고자 한다.

우선, 대학의 인성교육의 필요성과 현대사회에 필요한 인성이 무엇인지를 논하고자 한다. 현대사회에서는 타인과의 소통, 협력, 신뢰할 수 있는 능력이 요구된다. 그래서 한국의 청년들이 이러한 능력을 개발할 수 있는 방법을 다루고자 한다.

둘째, 사회적 기업과 사회적 문제와의 관련성을 다루고자 한다. 사회적 기업은 사회적 문제를 해결하기 위해 사회적 서비스를 생산하고 판매하여 이윤을 추구하는 기업이다. 그래서 본서에서는 사회적 문제를 탐구하고, 그 사회문제와 관련 있는 자료를 수집하고, 그 원인을 분석하고, 구체적으로 해결할 수 있는 방법을 언급하고자 한다.

셋째, 인성교육의 일환으로서 사회적 기업가 정신을 논하고자 한다. 사회적 기업가는 철저한 공공의식과 기업가 정신 모두 갖추고 있어야 한다. 따라서 본서에서는 기업가 정신이 무엇이며, 사업 계획서 작성 방법을 소개하고자 한다.

본서의 1장과 4장은 권상우 교수가, 2장은 이현지 교수가, 3장은 권의섭 교수가 집필하였다. 세 명의 집필자가 각자의 입장에서 집필하여 통일성이나 논리성이 부족한 면이 있을 수 있다. 독자들이 너그럽게 이해해 주길 바란다.

Contents

목 차

3장 현대사회의 문제와 사회적 기업

4장 사회적 기업 실천 프로그램

1장

인성교육과 사회적 기업

1장

인성교육과 사회적 기업

1. 인성교육과 사회적 기업의 만남

최근 인성교육이 중시되고 있다. 인성교육이 중시된 것은 최근의 일만은 아니다. 1990년 중반부터 인성교육이 논의되기 시작했다. 최근 자살, 아동폭력, 게임중독 등에 빠진 청소년 및 청년들을 보면, 이들의 인성은 개선될 조짐이 보이지 않는다. 오히려 90년 초반보다도 더욱 심각한 수준에 이르렀다고 평가되고 있다. 그래서 최근 인성교육 진흥법이 제정되면서 인성교육이 한층 더 강조되고 있다. 서울여자대학교서는 기독교적 인성교육인 바롬교육을 시행하면서 영적 탁월성을 강조하고 있다. 성균관대학교에서는 유학의 수기치인(修己治人)의 이념에 근거해 수신(修身), 제가(齊家), 치국(治國), 평천하(平天下)의 영역을 설정하고 인성교육 프로그램을 시행하고 있다. 그 외에도 여러 대학과 교육 관련 기관에서 인성교육을 시행하고 있다.

최근 대학에서 인성 함양과 창의력 개발 프로그램을 운영하고 있다. 하지만 이런 인성교육이 얼마나 실효성을 얻을 수 있을지 의문이다. 그 이유는 여러 측면에서 논의될 수 있지만, 현행 인성교육이 기성세대의 입장에서 시행되면서 청소년이나 청년의 상황과 입장을 충분히 고려하지 않기 때문이다. 인성은 결국 인간에 대한 이해에 근거한다. 수많은 철학자, 심리학자, 교육학자, 사회학자들이 인성이 무엇인가를 이해하고 규정해 보고자 하지만 그 규정은 쉽지 않다. 인성교육이 인성에 대한 기본적인 이해 없이 기성 세대의 좁은 선입견에 근거해 시행된다면, 결국 예스맨만을 양성할 수 있다. 예스맨을 인성이 좋은 사람으로 평가할 수는 없다. 이와 같이 현행 인성교육에서는 학습자의 아픔과 어려움 등의 현실적 토대를 배제해 왔다. 학습자가 그들의 상황을 고려하지 않는 인성교육 프로그램을 과연 수용할 수 있겠는가? 그래서 향후 인성교육이 교육 효과를 얻기 위해서는 기성세대 중심의 교육에서 탈피하여 청년의 현실에서 논의해야 한다.

오늘날 한국 청년의 현실은 너무나 열악하다. 우리 사회는 신자유주의 시장경제로 인해 빈부 격차가 심화되고 실업률(2015년 10월 3.1%에서 2016년 1월 3.7%)은 증가하고 있다. 빈부격차의 심화는 특히 한국의 청년 세대에 커다란 타격을 주고 있다. 언젠가부터 언론과 인터넷상에서 "3포 세대", "수저 계급론", "헬조선" 등과 같은 신조어가 유행처럼 사용되고 있다. 3포 세대는 연애, 결혼, 출산을 포기한 세대라는 뜻으로 현재 청년 세대가 직면한 어려움을 극명하게 보여주고 있다. 여기에 내 집 마련과 인간관계의 포기를 더해 5포 세대라는 말도 나왔다. 그러나 모든 청년이 이런 어려움을 겪는 것은 아니다. 경제적 능력이 있는 부모를 둔 청년은 좋은 교육적 혜택을 받고, 상대적으로 수월하게 좋은 직장을 구한다. 바로 이런 불평등한 상황을 비꼬는 표현이 수저 계급론이다. 수저 계급론은 부모의 경제적 능력에 따라 사람을 금수저 / 은수저 / 흙수저라는 계급으로 구분할 수 있다는 생각을 반영하는 신조어이다. 그래서 새로운 계급론이 장악하고 있는 현 한국 사회의 암울함을 표현하기 위해 "헬조선(지옥을 뜻하는 hell과 조선의 합성어)"이란 표현이 등장하였다. 이런 신조어로 대변되는 한국 청년 세대의 어려움과 아픔은 배재한 채 기성체제에 순응하도록 하는 인성교육만을 요구한다면 이는 한국 청년들의 아픔만을 배가시킬 뿐이다. 그래서 대학에서 인성교육은 개인의 인성을 함양하는 것도 중요하지만 청년 실업을 해결할 수 있는 방안도 모색해야 한다. 그 방안으로 인성 함양과 취업을 동시에 충족시킬 수 있는 교육 프로그램을 개발할 필요가 있다. 이런 상황에서 사회적 기업을 주목해 볼 필요가 있다.

사회적 기업은 1997년 IMF 이후에 실업자가 증가하자 이들에게 일자리 창출을 위해 시작되었고, 그 이후에는 복지정책의 일환으로 시행되고 있다. 사회적 기업은 사회적 문제를 기업경영의 방식으로 해결하고 이윤을 창출하는 기업이다. 즉, 사회적 문제라는 사회미션과 이윤 창출을 동시에 수행하는 기업을 말한다. 영리 기업과는 달리 사회적 기업은 이웃에 대한 배려와 공감, 그리고 행복한 사회를 건설하려는 기업이다. 그래서 사회적 기업가가 갖추어야 할 능력은 오늘날 인성교육의 내용과 유사하다. 인성교육의 내용은 교육 기관에 따라 다르긴 하지만 대부분 배려와 공감, 소통, 이웃과 환경에 대한 사랑과 실천 등을 포함하고 있다. 사회적 기업가의 덕목에는 인성 교육의 덕목을 포함하면서도 다른 점이 있다. 사회적 기업가는 사회적 기업도 기업이기 때문에 이윤을 창출할 수 있는 능력도 지니고 있어야 한다. 그래서 사회적 기업은 대학생의 취업과 경제적 문제를 해결할 수 있는 대안이 될 수 있다.

사회적 기업은 스티븐 잡스의 기업가적 혁신과 마더 테레사 수녀의 봉사와 희생정신이 결합된 형태의 조직이다. 한 예를 들자면, 공단에서 폐수를 처리하는데 막대한 비용이 든다. 그러나 그 폐수를 활용해 비누를 만들어 판매할 수 있다면, 폐수 정화 비용을 절약할 수 있을 뿐만 아니라 수익을 창출할 수도 있다. 이와 같이 사회적 기업가는 사회적 문제를 해결할 수 있는 혁신적인 방법을 운영할 수 있어야 한다. 영리 기업에서는 그 혁신적 방법을 개인이나 회사의 이익을 위해 사용하지만, 사회적 기업가는 깨끗한 환경과 따뜻한 사회를 만드는데 사용한다. 이런 이유로 최근 한국 정부와 지자체 등에서 사회적 기업의 중요성을 인식하면서 사회적 기업을 활성화하기 위해 노력하고 있다. 그리고 국민들의 사회적 기업에 대한 관심이 증대되고 있고, 실제로 사회적 기업도 급속하게 증가하고 있는 추세이다. 이에 따라 사회적 기업에 관한 연구도 증가하고 있다 이들 연구는 시민사회에서의 접근, 기업경영에서의 접근, 사회복지학에서의 접근, 정부정책에서의 접근 등으로 진행되고 있다.

1. 시민사회에서는 사회적 기업을 시민사회의 새로운 운동 방향에서 접근하면서, 유럽의 협동조합, 시민사회의 연대방식, 시민의 행복한 삶, 사회적 경제에 관해 논의되고 있다.
2. 기업경영에서는 사회적 기업가의 정신과 운영 방식 마케팅에 관해 주로 논의하고 있다.
3. 사회복지학에서는 국가 복지의 한계를 극복하기 위한 대안, 취약계층의 분류와 기준, 그리고 사회 서비스 기준, 유형과 수혜 대상에 관해서 논의하고 있다.
4. 정부 정책에서는 정부가 복지 주체에서 객체로 전환해야 한다는 논의와 사회적 기업 지원 정책과 관리 차원 등을 논의되고 있다. 하지만 현행 사회적 기업의 추세를 보면 이러한 연구보다는 사회적 기업가를 양성하는 교육프로그램이 시급하다.

한국에서 사회적 기업은 2007년 사회적 기업법이 제정된 이래 최근까지 급속하게 증가하고 있다. 최초에는 일자리 창출을 위한 일환으로 시작해서 최근에는 다양한 유형의 사회적 기업이 우후죽순처럼 생기고 있다. 그러나 최근 한국에서의 사회적 기업의 진행 상황을 보면 왜곡되어진 측면도 없지 않다. 사회적 기업은 사회적 문제를 해결하기 위한 기업이다. 하지만 최근 사회적 기업가들은 사회적 기업을 정부의 지원을 받기 위하거나 마케팅을 위한 수단쯤으로 간주하는 경향이 있다. 겉으로는 사회적 기업의 간판을 내걸고 있지만 실질적으로는 개인의 이익만을 추구한다. 사회적 기업은 개인의 이익을 전혀 부정하지는 않지만 그 근본적인 목적은 생태계를 보호하고, 사회적 취약계층을 위한 일자리 창출 등과 같은 사회적 목적의 실현에 두고 있다. 최근 경영학에서도 사회적 기업에 관심을 가지면서 기업가 자질만을 강조하는 경향도 문제이다. 앞에서도 언급하였지만, 사회적 기업은 단지 영리적 이윤만을 추구하는 기업은 아니다. 사회적 주변에는 기업가 자질보다는 이웃에 대한 사랑과 믿음 사회에 대한 비판과 관심, 무엇이 옳고 그른가에 대한 윤리적 소양이 더욱 중요하다. 이러함에도 불구하고 단지 기업가적 자질만을 강조하게 된다면 영리 기업보다도 더욱 심각한 문제를 초래할 수 있다.

우리 사회에는 사회 문제에 대해 관심을 가진 지식인이나 시민운동가 또한 적지 않다. 인류의 미래 사회의 문제점을 지적하거나 어떻게 해결해야 하는지에 대한 언급도 적지 않다. 하지만 우리 사회는 여전히 행복하지 못하다. 그 이유는 문제 제기에만 머물면서 자신의 삶을 헌신하면서 문제를 해결하고자 하는 사람이 적기 때문이다. 이제는 문제 제기도 중요하지만 직접 실천하는 노력이 더욱 필요하다고 본다. 그러나 현실에서 자신의 모든 것을 포기하고 인류를 위해 희생하기는 어렵다. 그럴 필요도 없다. 사회문제를 해결할 수 있는 방안을 기업의 효율성에서 찾아 볼 수 있다. 기업은 최소의 자본으로 최대의 이익을 창출함을 목적으로 한다. 이를 위해서는 창의적인 발상과 효율적인 경영방식이 필요하다. 이러한 기업의 운용 방식을 사회 문제를 해결하는데 적용해 볼 수 있다. 즉 개인의 이익을 위해서가 아니라 사회의 문제를 해결하고 모든 사람들이 행복한 사회를 만들기 위해 기업의 운영방식을 사용할 수 있다. 우리는 기업 경영방식을 통해 기부금 100원을 10,000만 원으로 증대시킬 수 있다. 이와 같이 기업이 운영방식을 사용해서 누구나 이웃을 위해 베풀 수 있는 작은 희생으로 사회 문제를 해결할 수 있다. 지금 우리가 필요로 하는 사람은 자신의 인생을 이웃을 위해 헌신하는 테레사 수녀와 같은 사람보다는 작은 사랑을 가지고도 사회 문제를 해결할 수 있는 사회적 기업가일 것이다.

사회적 문제를 해결할 수 있는 주체는 국가나 기업이 아니라 대학생들이 되어야 한다. 대학생은 사회의 지성인으로서 자신의 미래를 개척해야 할 뿐만 아니라 사회 발전을 위해 노력해야 할 의무가 있다. 대부분 대학생은 취업을 위해 개인적인 역량을 배양하는데 관심을 가질 뿐 사회적 문제에 대해 무관심하거나 사회 문제를 해결할 수 있는 능력이 부족하다. 현대사회에서는 빈부격차, 생태계 파괴, 가정 해체 등 새로운 사회적 문제가 초래되고 있으며, 미래사회에도 이전에 예측하지 못한 문제들이 끊임없이 발생할 것이다. 그래서 대학에서는 대학생들이 미래의 주역으로서 사회적 문제에 관심을 가지고 해결할 수 있는 능력을 배양할 수 있도록 교육해야 한다.

실제로 세계의 유수 대학의 학생들은 사회적 기업에 관심을 가지고 있다. 1960년대의 젊은이들이 시민운동에 적극적으로 참여하였다면, 80년대의 청년들은 스티브 잡스와 빌 게이츠처럼 IT기업에 뛰어들었다. 최근 세계 유수 대학의 학생들은 자본주의 경제에 대한 불신감이 증폭되면서 사회적 기업에 관심을 가지고 있다. 그들은 영리기업에서 열심히 일하면서 자신의 수익을 증대시킬 수도 있지만, 삶의 보람과 의미를 실현하지 못하고 자본과 노동의 도구로만 전락할 수 있음을 깨닫고, 공공의 이익을 추구할 수 있는 사회적 기업에 뛰어들고 있다. 그래서 국내·외 대학에서 앞 다투어 '사회적 기업'을 교과로 개설하여, 학생들이 사회에 대한 배려와 관심, 사회봉사 정신, 윤리성뿐만 아니라 사회적 문제를 해결할 수 있는 능력을 갖출 수 있도록 교육하고 있다. 이와 같이 우리나라 대학에서도 사회적 기업가를 양성할 수 있도록 노력해야 한다.

그래서 대학의 인성교육에서도 의무와 예절, 타인과의 공감 능력을 배양하는 것에서 나아가서 사회적 문제를 해결하고 사회를 위해서 봉사하려는 태도와 능력을 배양토록 해야한다. 우리는 전자를 '소극적 인성교육'으로 한다면, 후자는 '적극적 인성교육'이라 할 수 있다. 향후 인성교육은 '소극적 인성교육'에서만 머물기보다는 후자의 '적극적 인성교육'으로 나아갈 필요가 있다. 이를 위해 사회적 기업은 좋은 모형이 될 수 있다. 앞에서 언급한 바와 같이 사회적 기업가에게는 배려와 관심 사회봉사 정신 등이 요구될 뿐만 아니라 기업의 이익을 창출할 수 있는 능력 또한 요구된다.

최근 대학생 대부분은 국가의 공무원이나 교사가 되기를 바라거나 영리기업에 취업하고자 한다. 사회학자들은 국가를 1섹터로, 시장을 2섹터로 간주하면서 사회적 기업과 같은 비영리 기관을 제3섹터로 분류한다. 이 분류에 근거하면 대학생 대부분은 1섹터와 2섹터에 취업하고자 한다. 그러나 사회적 기업과 같은 제3섹터의 영역에서 자신의 희망과 인류 발전을 위해 노력할 수 있는 취업 공간에 대해서도 생각해 볼 필요가 있다. 제1섹터와 2섹터 영역에서 취업의 문은 좁지만 제3섹터의 영역은 이제 시작인 만큼 취업의 문은 넓다. 그래서 대학에서도 개인이나 기업의 이익만 추구하는 학문이 아니라 사회의 발전에 기여할 수 있는 제3섹터의 영역에 관한 교육도 시행해야 한다. 위에서와 같이 대학의 적극적 인성교육을 사회적 기업을 통해 시행할 수 있다. 그래서 대학에서는 대학생들이 이웃에 대한 따뜻한 마음을 실천하기 위해 사회적 문제를 해결할 수 있는 서비스를 개발하고 대학생들이 자신의 이익과 발전도 함께 도모할 수 있도록 교육해야 한다.

2. 사회적 기업의 이해

최근 "빵을 팔기 위해 고용하는 것이 아니라 고용하기 위해 빵을 판다." "착한 기업" 등 낯선 표현들이 회자되고 있다. 이들 표현은 분명히 신자유주의 경쟁체제 논리에는 부합되지 않는다. 이 문구는 경제적 이윤 창출을 최고의 가치로 삼으면서 경제적 효율성에 근거하면서 인간의 노동을 영리를 위한 수단이 아니라 인간을 경제 활동의 목적으로 삼아야 함을 암시하고 있다. 앞에서 언급한 바와 같이 사회적 기업은 이윤을 추구하기 위해 설립된 일반 기업과는 달리 빈곤계층의 일자리 창출, 사회적 서비스 제공, 환경문제 해결 등의 사회적 목적을 실현하기 위한 기업이다.

'사회적 기업'이라는 단어는 미국에서 처음으로 사용되었다. 미국의 저명한 경제학자인 빌 드레이튼이 열의와 열정 그리고 활동가로서의 의식을 갖춘 기업가의 훈련, 교육 그리고 후원을 수행하는 '사회적 기업가들'를 만들면서 사회적 기업이라는 단어가 사용되기 시작했다. 드레이튼이 사회적 기업가라는 용어를 처음 사용한 것은 기존의 영리 기업가와는 다른 새로운 형태의 기업가 정신을 규정하면서 시작되었다. 그가 말한 새로운 기업가는 경제적 가치가 아니라 사회적 가치를 추구하는 기업가이다. 그런데 사회적 기업은 새로운 방식의 비즈니스 활동이기 때문에 기존의 기업의 사회적 책임(CRS)쯤으로 간주되었다. 실제로 유럽의 사회적 기업 연구 네트워크인 EMES네트워크의 드푸르니 교수는 미국에서 사회적 기업은 기업의 사회적 책임과 혼돈되는 개념으로 이해될 수 있음을 지적하기도 하였다.

사회적 기업은 한국인에게는 아직 익숙하지 않지만 미국과 유럽에서는 이미 오랜 역사를 지니고 있으며, 전체 고용인구의 5-6%를 담당하고 있을 정도로 노동시장에서 중요한 기능을 담당하고 있다. 이에 반해 한국에서의 사회적 기업은 1998년 금융위기 이후에 빈곤과 실업이 한국사회에 중요한 문제로 부각되자, 시민사회단체에서 유럽의 사회적 기업에 관심을 가지면서부터 한국사회에 소개되기 시작했다. 그 이후 참여정부가 적극적인 관심을 가지면서 2007년에 〈사회적 기업 육성법 제정안〉이 발의되었으며, 그 발의안에 사회적 기업 인증 제도를 두어 사회적 기업을 집중적으로 지원하고 있다. 최근 한국 정부도 사회적 기업을 적극적으로 육성하겠다는 의지를 표명하고 있으며, 지자체에서도 각 지역의 사회적 문제를 해결하고 지역민의 일자리를 창출할 수 있는 방안으로 예비 사회적 기업 육성 프로젝트를 수행하고 있는 등 다양한 정책을 내 놓고 있다.

사회적 기업에 대해 시민사회와 정부는 매우 적극적인 반면에, 학계에서는 사회적 기업에 대한 이해가 아직 부족할 뿐만 아니라 이에 관한 연구가 거의 이루어지고 있지 않는 실정이다. 그 이유를 생각해 보면, 사회적 기업에서의 '기업'이라는 명칭이 영리기업과 동일한 것쯤으로 잘못 인식되고 있고, 사회적 기업 자체의 특징이 이론보다는 사회

실천을 강조하기 때문일 것이다. 실제로 사회적 기업은 각 지역의 조건과 환경적 토대에서 사업이 진행되고 있기 때문에 이론적 접근이 쉽지 않다. 이런 이유로 사회적 기업에 대한 정의 또한 아직까지 사회적 합의를 이루지 못하고 있다. 그래서 사회적 기업에 대한 정의는 한국정부에서 규정하고 있는 내용에서부터 살펴볼 필요가 있다.

> '사회적 기업'이라 함은 취약계층에게 사회서비스 또는 일자리를 제공하여 지역주민의 삶의 질을 높이는 등의 사회적 목적을 추구하면서 재화 및 서비스의 생산, 판매 등 영업활동을 수행하는 기업으로서 제7조에 따라 인증 받은 자를 말한다(사회적기업육성법, 제2조 1항).

위의 내용은 한국정부가 사회적 기업을 인증하기 위한 법적 정의이다. 이같은 정의는 학문적 논의가 필요하지만, 사회적 기업에 대한 광범위한 정의에서 크게 벗어난 것은 아니다. 사회적 기업에서 '사회적'이라는 의미는 개인이나 국가와 구별되어진 개념이다. '개인'과 구별되는 '사회적'이란 개인의 이윤을 위한 경제활동이 아니라 사회가 직면한 문제를 해결하기 위한 경제 활동이라는 의미이며, '국가'의 대응개념으로서의 '사회적'이란 정부가 아니라 시민사회(공공영역)가 주체가 되어야 한다는 의미이다. 그래서 '사회적'이란 시민사회가 사회적 기업의 주체가 되어 사회공공의 문제를 해결한다는 의미이다. 그리고 사회적 기업에서 '기업'은 사회공공의 문제를 해결하기 위해 기존의 사회봉사운동이나 기부행위 등에서 벗어나 기업의 경영방식을 도입해 빈곤층을 고용하여 재화와 서비스를 생산하고 판매하는 운영방식임을 의미한다(김정원, 2009, 15).

사회적 기업의 주체는 국가나 기업과도 구별되는 비영리, 비정부 조직이며, 이를 리프킨은 노동의 종말에서 '제3섹터'라고 말한다. 리프킨은 제3섹터의 활성화가 시장과 정부부문에 속하지 않는 제3의 세력이 공동체의 결속과 지역의 기반을 강화시켜 강력하고 자립적인 지역사회의 수립을 통해 시장 세계화의 물결에 저항할 수 있다고 본다(제러미 리프킨 지음, 이영호 옮김, 2009, 213). 이와 같이 사회적 기업의 주체는 비영리, 비정부의 제3섹터라고 할 수 있다. 그래서 사회적 기업은 1섹터인 국가와 2섹터라 불리는 시장과 구별된다. 이러한 제3섹터는 '공공이나 민간부문에서 공급되지 않는 욕구를 충족시키기 위해 활동하는 조직', '자주적으로 조직되고 관리되는 조직', '지역사회에 기반을 두거나 이를 지향하는 활동을 하는 조직', '이윤을 분배하지 않는 비영리조직', '자원봉사를 포함한 자선에 기반을 둔 활동하는 조직'으로 정의하고 있다(김정원, 2009, 30-31). 이러한 제3섹터는 개인이나 특정 집단의 이익만을 위한 것이 아니라 사회 전체의 공공선을 실현하고 공공의 이익을 창출하는 집단으로 이해되고 있다. 그러나 제3섹터가 자체적으로 사회적 기업을 운영할 수 없으며 사회 여러 조직과 연계해서 운영해야 한다.

사회적 기업은 그 운영방법에 있어서 영리기업의 경영방식을 도입하고 있다. 그러나 사회적 기업은 경제적 이윤만을 추구하는 영리기업과는 달리, 사회적 서비스를 생산하고 판매하며, 그 수익의 일부를 사회에 환원하는 등 사회적 목적을 실현하기 위한 기업이다. 사회적 기업이 생산과 판매활동을 하는 이상, 영리기업과도 직·간접적으로 연관성을 지닐 수밖에 없다. 최근 영리기업도 사회적 책임이 강조되어지면서 사회봉사 활동에 적극적으로 참여하고 있다. 그러나 그들의 활동은 소비자들을 상대로 하여 회사 이미지를 제고하기 위한 형식적 활동쯤으로 비쳐지면서 실제적인 효과를 얻지 못하고 있다. 그래서 최근 영리기업은 사회적 책임을 사회적 기업을 지원하거나 후원하는 방향으로 전환하고 있다. 최근 현대, sk 그리고 포스코 등이 사회적 기업을 사내에서 직접 운영하기도 하고, 사회적 기업의 물품을 구매하거나, 사회적 기업에 물품을 값싸게 제공해 주기도 하며, 사회적 기업에 기업회계나 마케팅 방식을 전수해 주거나 자문 역할을 맡으면서 사회적 책임을 다하고자 한다. 현대자동차에서는 최근 대학생이 창업한 사회적 기업에게 재정적인 지원 자문 등 전반적인 지원을 하고 있다. 향후 소비자가 영리기업의 사회적 책임을 더욱 요구할 것임을 고려할 때 영리기업과 사회적 기업과의 협력 관계 또한 더욱 강화될 수밖에 없을 것이다.

사회적 기업은 정부의 복지정책과도 밀접한 관련성을 지닌다. 신자유주의 체제가 가속도를 내면서 정부가 해결해야 할 사회적 문제 또한 증대되고 있다. 환경문제와 실업자 증가, 고령화 사회, 맞벌이부부로 인한 자녀양육과 교육 문제 등의 새로운 사회적 서비스가 발생하고 있다. 부유층은 새로운 사회서비스를 구매할 능력을 지니고 있지만, 빈곤층은 거의 무방비 상태에 놓여 있다. 국가가 빈곤층이 필요한 사회적 서비스를 제공해야 할 의무를 지니고 있지만, 사회적 서비스는 최근에 급격하게 증가하면서 정부의 역량으로는 감당하기 어려운 상황에 직면해 있다. 그 중에서 가장 시급한 문제가 바로 고용문제이다. 실제로 한국정부는 실업률을 줄이기 위해 기초생활 대상자를 상대로 일자리마련운동 등을 벌였지만, 일회성 활동으로 끝나버리면서 실업자들의 자생능력에는 별다른 도움을 주지 못했다. 그래서 기존의 국가사회복지제도는 빈곤층을 피동적이고 비주체인을 양성하는 프로그램으로 전락하였다고 평가된다. 이러한 사회복지의 한계성을 극복하기 위해 정부는 빈곤층에게 일방적으로 서비스를 지원해 주는 방식에서 탈피하여 그들이 직접 소득을 창출하면서 자립할 수 있는 복지정책으로 전환하고자 한다.

그리고 자본주의의 발전으로 인해 새로운 사회서비스가 증가하게 되자 국가의 재정이 심각한 위기에 직면하게 되었고, 이는 부유층과 중산층의 세금부담을 가중시키면서 사회통합의 걸림돌로 작용하고 있다. 그래서 정부차원에서는 이러한 재정위기를 타개하고, 사회통합을 달성하기 위한 방안으로 정부가 담당해야 할 사회적 서비스 사업의 일부를 사회적 기업에 이전시키고자 한다. 이런 목적을 달성하기 위해 정부에서는 사회적 기업을 적극적으로 지원하고 육성하기 위해 노력하고 있다. 정부차원에서는 사회적 기업을 지원하여 빈곤층이 자생능력을 기르고 사회적 서비스를 통해 이윤을 창출할 수 있도록 유도하면서 국가의 복지비용을 줄일 수 있을 뿐만 아니라 국민들의 세금 부담도 줄일 수 있다고 본다. 이와 같이 정부의 복지정책은 사회적 기업을 지원하는 간접적인 방식으로 바뀌면서 국민복지의 담당자로서의 비중을 줄일 수 있고, 이를 통해 작은 정부를 지향할 수 있다고 본다.

정부와 지자체가 사회에서 필요한 서비스를 효율적으로 생산하고 제공하기 위해 사회적 기업을 지원하고 있지만, 이를 둘러싼 여러 문제가 발생하고 있다. 그 중에 하나가 사회적 기업을 일자리 창출을 위한 기업으로 오해하고 있다는 점이다. 물론 사회적 기업의 주요한 역할 중에 고용창출이 포함되어 있지만, 사회적 기업 그 자체가 고용창출을 보장해 주는 것은 아니다. 사회적 기업도 기업이다. 어떤 기업이든 그 기업이 생산한 재화나 서비스가 수익을 창출해 노동자들에게 임금을 지급할 수 있을 때 진정으로 고용을 창출할 수 있다. 그래서 정부의 지원은 사회적 기업을 정착시키는데 도움을 주기 위한 방법일 뿐이다. 그리고 정부의 과도한 재원은 사회적 기업의 권한과 기능을 제한하게 되면서 사회적 기업의 자율성과 독자성을 저하시킬 수도 있다.

사회적 기업은 시민사회의 활동과도 연관성이 있다. 사회적 기업이

위와 같은 활동을 하는 조직을 지칭하게 된 것은 미국보다는 유럽에서부터 시작되었다. 1990년대에 들어서면서 유럽에서는 비영리조직이나 협동조합 등을 중심으로 노동시장 진입에 어려움을 겪는 취약계층의 노동시장 참여와 지역사회차원의 사회서비스 공급을 위한 활동이 확산되었는데, 이러한 활동을 하는 조직이 사회적 경제 조직 또는 사회적 기업에 해당된다. 그래서 사회적 기업의 근본적인 목적은 사회의 공공선의 실현에 두고 있다. 사회적 기업은 전통적 시민사회의 활동과는 달리 사회의 공공성을 확대시키기 위한 활동을 기업적 방식으로 운영하고자 한다.

위에서 언급한 바와 같이 사회적 기업은 정부, 영리기업, 시민단체가 참여하고 있을 뿐만 아니라 선진국에서는 종교단체, 자선단체들도 참여하면서 여러 조직들을 연결시켜주는 가교 역할을 하기도 한다. 그래서 일부 경제학자들이 지적하고 있는 것처럼 미래 사회는 사회적 기업을 중심으로 재편될 수 있다. 사회적 기업을 중심으로 국가와 시민사회, 기업이 각자의 역할을 다하면서도 상생할 수 있는 네트워크를 형성할 수 있다.

사회적 기업에서 사회서비스 제공은 중요한 활동 영역이라 할 수 있다. 실제로 외국에서 사회적 기업은 사회서비스의 주요 공급자로서 역할을 하고 있으며, 한국에서도 사회서비스의 주요 공급자로서 사회적 기업의 역할이 중시되고 있다. 한국은 참여정부 시기에 사회서비스 부문의 일자리에 대한 사업을 총괄했던 기획예산처에서 사회서비스를 개인, 사회 전체의 복지 증진 및 삶의 질 향상을 위해 사회적으로 제공하는 서비스로 규정하고, 그 유형과 범위를 삶의 질 향상 관련 서비스와 공공서비스로 나누고 있다. 기획예산처에서는 삶의 질 향상 관련 서비스로는 보육 및 보호 중심의 사회복지서비스, 간병, 간호 등의 보건의료서비스, 방과 후 활동 및 특수교육 등의 교육서비스, 도서관 박물관 운영 등의 문화, 예술 서비스를 들고 있으며, 일반 행정, 환경, 안정 등의 공공서비스로 구분하고 있다. 사회서비스는 그 속성상 비공식 영역에서 제공되는 경우가 많고 제도적으로 표준화되기가 어렵다. 이런 이유로 사회서비스는 오래동안 사적인 영역으로 간주되었지만, 최근 수요가 증대하면서 공적인 영역으로 인정받고 있다.

사회적 기업은 국가가 공급하는 복지의 사각지대를 보완하려는 노력 속에서 확산되었다. 그래서 복지의 공급 주체가 국가에만 머무르는 것이 아니라 시민사회와 기업도 복지 공급의 한 주체로 참여하게 되는 지점에 사회적 기업이 등장하였으며, 이때 공급되는 복지가 바로 사회서비스인 셈이다. 대개 사회적 기업의 노동자는 노동시장 진입에 장애를 겪는 이들이다. 그래서 사회적 기업에서의 활동은 이들이 사회적 기업에 취업함으로써 취업을 못했을 시에 이들에게 지출해야 할 정부의 사회복지 관련 급여가 더 지출되지 않도록 하는 효과가 있다. 그 뿐만 아니라 사회적 기업은 활동 과정에서 기업의 기부를 이끌어낸다든지, 시민들에게 자원봉사 기회를 제공하는 등의 활동을 수행할 수 있다. 기업의 기부나 시민의 자원봉사를 이끌어내려면 기업 활동의 정당성이 제시되어야 한다. 그 정당성은 취약계층에 대한 지원이나 사회서비스의 공급, 낙후 지역의 재생 등에서 찾을 수 있다. 이런 점들로 볼 때 사회적 기업은 복지시스템의 하나로 작용하는 역할을 한다. 그렇다면, 사회적 기업과 관련된 제도가 더욱 효과적이기 위해서는 그 나라의 복지 제도와 밀접한 관계가 있거나 통합될 필요가 있다.

사회적 기업은 자본주의가 발전하면 발전할수록 더욱 발전할 수밖에 없다. 자본주의의 주체는 영리 기업이다. 그 영리 기업이 개인과 기업의 이익만을 추구하면서 환경문제, 인간성 소외, 빈부격차 등 다양한 문제를 초래하고 있다. 사회적 기업은 자본주의의 폐단을 기업 운영의 방식으로 해결하는 조직이다. 하지만 그 운영방식에서 기업의 방식을 수용한다. 그래서 그들은 자본주의 체제를 인정하면서 그 문제를 해결하고자 한다. 사회적 기업은 자본주의가 없다면 등장할 수 없었고, 자본주의 또한 사회적 기업을 요구할 수밖에 없다. 앞에서 언급한 바와 같이 영리 기업도 사회적 기업을 필요로 할 수 밖에 없다. 그래서 사회적 기업과 영리 기업은 상생하면서 발전할 수 있다.

사회적 기업은 공공성의 실현과 개인의 이익을 동시에 추구하게 된다. 사회적 기업은 개인의 이익만이 아니라 타인과 함께 하는 공생의 이익을 추구한다. 그래서 이러한 의미에서 사회적 기업을 'I-We형 경제모형'이라고 할 수 있다. 사회적 기업은 사회적 목적을 달성하고자 하지만, 그 목적을 달성하기 위해 개인과 특정 집단의 이익을 인정한다. 경쟁은 인류의 발전의 동인임을 부정할 수는 없다. 그러나 이러한 경쟁은 공공선을 위한 경쟁이 될 때, 즉 윤리적인 의미를 담을 수 있을 때 그 가치를 인정받을 수 있다. 사회적 기업 간에 사회를 발전시키고 자연 생태계가 건강하기 위해서 경쟁한다는 것은 자본주의 체제에서의 경쟁과는 분명히 다르다.

3. 따뜻한 사회혁신

냉혹한 현실에서 착한 마음을 지니면서 살아가는 사람들이 있다. 세계 오지에서 3천 개의 도서관과 백만 권의 희망을 전하는 사람이 있다. 그의 이름은 존 우드이다. 그는 세계 최대의 컴퓨터 기업인 마이크로소프트의 아시아 지역 마케팅 총책임자로서 평생을 호화롭게 생활할 수 있는 좋은 직업을 가지고 있었다. 그런 그가 어느 날 네팔의 시골 마을 학교를 방문했을 때 흙바닥에서 책 한 권 없이 공부하는 아이들을 보고서, "수백만의 아이들이 책이 없어 제대로 교육받지 못하는 상황에서 대만에서 윈도즈를 많이 팔았다고 해서 무슨 의미가 있겠는가?"라는 생각에 그 화려한 직장을 그만두었다. 그리고 네팔의 오지에 'Room to Read'이라는 도서관을 세워 그 지역 아이들이 많은 책을 읽을 수 있도록 하는 일에 전념하였다. 존 우드는 3년 만에 3,000개의 도서관을 지었다. 그의 성과는 스타벅스가 6년 동안 500개의 매장을 연 것보다 더 높게 평가될 수 있다. 존 우드는 〈파이낸셜 타임스〉와의 인터뷰에서 다음과 같이 말했다.

> "아프리카를 돕기 위해 빌 게이츠나 워런 버핏이 될 필요는 없다. 안젤리나 졸리나 브랜드 피트처럼 잘 생겨야 하는 것도 아니다. 세상을 변화시키는 데는 그다지 큰돈 들지 않는다. 개발도상국의 소녀들에게 장학금을 주는 데는 250달러면 된다. 도서관 하나 세우는 비용은 2,000달러에 불과하고, 1만~1만 5,000달러면 학교도 세울 수 있다. 룸투리드는 2020년까지 1,000만 명의 아이들이 도서관에서 책을 읽도록 해주겠다는 장기적인 목표를 갖고 있다. 진정으로 이 목표를 달성하고자 한다면 억만장자나 유명 인사들에게만 의존해서는 안 된다는 것 내 생각이다."

그는 자선활동은 특정한 계층만이 할 수 있는 것이 아니라 일반시민도 간단한 소액 기부와 실천 활동으로 할 수 있다고 말하였다. 사회적 기업은 개인이나 특정한 조직의 이윤을 위한 영리 기업과는 본질적으로 다르다. 사회적 기업은 사회적 문제를 해결하기 위한 기업을 말한다. 그렇다고 사회적 기업이 자본주의 시장경제를 반대하는 것은 아니다. 오히려 자본주의 시장경제의 한계를 해결하기 위한 대안 성격을 지닌 기업이다.

서유럽과 북미에서 자본주의 체제를 오랫동안 운영한 국가들을 보면 모두 상당한 부를 축적했음을 알 수 있다. 이밖에 뛰어난 기술적 혁신, 과학적 발견, 교육 및 사회적 진보도 이루었다. 300년에 등장한 근대 자본주의는 유례없는 물질적인 풍요를 실현시켰다. 그러나 모든 인류가 자본주의의 물질적인 혜택을 받는 것은 아니다.

오늘날 빈부의 격차는 세계의 부의 분배 상황을 보면 그 사실이 분명하게 드러난다. 세계적 부의 94퍼센트는 40퍼센트의 사람들에게 돌아가고, 나머지 60퍼센트의 사람들은 겨우 6퍼센트의 부를 나누어 살아가고 있다. 또한 전 세계 인구의 절반이 하루에 2달러 미만으로, 거의 10억 명이 1달러 미만으로 생계를 유지하고 있다. 아직도 기본적인 생존마저 이루어지지 않고 있는 빈민층이 너무나 많다. 도시의 빈민층에서도 하루에 10시간을 노동하면서도 교육은커녕 생계마저도 어려운 아이들이 있다. 교육을 받을 수 없는 환경에 처한 어린 아이들이 너무나 많고, 과학기술과 기업의 발전으로 인해 생태계가 파괴되고 있는 등 사회적 문제가 급속도로 증가하고 있는 추세이다.

사회주의 국가의 몰락 이후 자본주의 경제에 도전하는 이념체계가 없는데도 불구하고, 왜 자본주의는 사회적 문제를 끊임없이 일으키면서 인류 전체를 위험에 빠뜨리고 있을까? 그 답은 간단하다. 기존의 시장경제는 사회문제를 해결하는데 적합하지 않기 때문이다. 시장경제는 경제적 효율성만을 최고의 가치척도로 삼으면서, 생산자의 권리보호, 빈부격차, 소외계층의 생존과 복지, 환경 등은 경제적 가치가 희소하다는 이유로 무시한다. 그러나 인간의 삶은 경제적 영역뿐만 아니라 도덕, 사회, 환경, 교육 등 다양한 영역을 포함하고 있다. 그리고 비경제적 영역이 때로는 경제적 영역보다도 더욱 중요한 역할을 하기도 한다. 아마 이런 이유로 인해 최근 경제학자나 정치가들은 서구자본주의 한계를 지적하면서 새로운 자본주의를 모색해야 한다고 주장한다. 이를 위해서는 시장경제에 대한 새로운 인식이 필요하다. 그 대안은, 인류가 적어도 경제적 효율성을 부정할 필요는 없다 하더라도 최소한 그 협소한 영역에서 얽매이지 않고 인간의 삶 전체에서 조명할 수 있는 사회혁신에서 찾아져야 한다.

존 우드와 같은 사람들은 개인의 이익과 탐욕으로 가득 찬 자본주의 경제 체제에서 사라진 공생의 사회성을 신뢰와 배려로 되살리고 있다. 그들은 자본주의 무한 경쟁에서 벗어나 사회적 약자들에게 자활할 수 있도록 돕고자 한다. 자신의 이익을 위해서가 아니라 이기심으로 가득찬 세상을 나눔과 배려의 세상으로 바꾸고, 사회갈등이 최고로 치닫고 있는 사회를 혁신시키기 위해 사업을 하고자 한다. 그들의 활동이 정부나 영리 집단과 다르다는 것을 알 수 있다. 그래서 아래에서 서울대 학생들의 자원봉사 활동과 보스턴 희망학원의 자원봉사 활동을 비교해 보고자 한다.

> "2006년 서울 봉천동에 사는 준환은 처음으로 과외를 받았다. 서울대에 다니는 어떤 형이 무료로 과외를 해 준 것이다. 장래 희망이 변호사이라는 준환은 학원을 다니고 싶어 했다. 하지만 택시 운전으로 집안 살림을 겨우 꾸려가는 아버지는 빚이 많다며 말을 흐렸다. 그런 준환이에게 서울대 형이 찾아온 것이다. 준환은 방과 후 다른 아이들이 학원으로 향할 때 교실에서 서울대 형을 만났다. 그렇게 두어 달 후, 수학 시간이면 멍하니 앉아 있거나 엎드려 잠만 자던 준환의 성적이 학년 전체에서 50등이나 올랐다. 선생님한테 칭찬도 받았고, 스스로도 공부가 재미있게 느껴졌다. 그러던 어느 날부터 서울대 형의 발길이 뚝 끊어졌다. 일주일에 두 번씩 수학도 가르쳐 주고 피자도 사 주며 고민을 들어 주던 형이 다시는 오지 않았다. 소득 격차로 인한 교육 양극

화 해소를 위해 교육인적 자원부, 관악구청 그리고 서울대가 뜻을 모아 서울대 학생 300명이 중학생이 1,000명의 공부를 돌본 방과 후 달동네 과외가 예산 부족으로 시행 1년 만에 중단됐기 때문이다."

"1992년 미국 보스턴의 도심 빈민가에 있는 한 초등학교에 무손이라는 여자 아이가 있었다. 부모를 따라 아이티에서 갓 이민 온 무손은 꾸어다 놓은 보릿자루마냥 교실 한 구석을 지킬 뿐이었다. 그런 그녀에게 하버드 대학 언니, 오빠들이 도움의 손길을 내밀었다. 그들은 가난하고 성적도 나쁜 무손을 학자나 장학생을 뜻하는 스칼라(scholar)라고 불렀다. 맛있는 간식도 사 주고, 몇 번을 물어도 타박하지 않고 상냥하게 공부를 봐 주었다. 읽기와 수학문제 풀이는 물론이고 열심히 공부할 수 있도록 동기와 희망을 불어넣어 주었다. 무손은 달라졌다. 학교 성적도 올랐고 더 이상 교실 한 구석에 처박힌 아이도 아니었다. 무엇보다도 자기 자신에 대해 믿음이 생겼다. 전액 장학금을 받아 대학에 진학한 무손은 현재 의사의 꿈을 키우고 있다. 그는 학교를 졸업한 후에 조국 아이티로 돌아가 가난한 사람들에게 의술을 베풀 계획이다. 초등학교 때 하버드 대학 언니 오빠들에게 받은 도움을 그렇게 갚겠다는 것이다(『보노보혁명』 중에서)."

준환과 무손의 이야기는 서울과 보스턴 두 도시의 빈민촌 아동 무료과외에 관한 사례이다. 두 봉사 활동의 동기는 모두 동일하다. 하지만 그 결과는 서로 다르다. 서울의 빈곤층 자녀들은 과외가 중단된 반면, 보스턴의 희망학원에서는 15년 만에 1만 명의 무손과 같은 아이들을 양성할 수 있었다. 서울대의 자원봉사와 보스턴의 희망학원은 모두 동일한 형태의 사회봉사 활동이지만, 그 결과의 차이는 엄청나다. 그렇다면 왜 그런가?

우선, 정부의 개입에서 찾아볼 수 있다. 위의 사례에서 알 수 있듯이 미국 보스턴의 희망학원에는 정부의 개입이 전혀 없었다. 이에 반해 서울대 사회봉사 프로그램에서는 서울대 학생의 참여가 있었지만, 그 주관은 서울시 관악구청이 담당하였다. 그러나 관악구청은 예산부족의 이유로 무료과외 프로그램을 취소하였다. 관악구청과 같이 정부기관이 사회적 문제를 혁신할 수 있는 주체가 되어야 한다는 것이 일반적인 생각이다. 정부가 행복한 세상을 만드는 데 도움을 주어야 하고, 도움을 줄 수 있다는 사실을 쉽게 부정할 수는 없다. 정부는 조직이 크고 강력하며 세금을 통해서 막대한 재원을 활용할 수 있는 힘을 지니고 있다. 한국 정부는 2007년 준환과 같은 아이들의 어려움을 덜어주기 위해서 멘토링 사업에 대한 긴급 예산을 편성하기도 하였다. 하지만 정부는 사회문제를 해결하는데 있어 비효율적이고 관료적이며 혁신능력이 부족하다. 그리고 새로운 정부가 등장할 때마다 사회 문제를 해결할 수 있는 복지정책을 정치적 이슈로 부각시키면서 새로운 프로그램을 운영하지만, 그것이 더 이상 필요 없거나 정부가 바뀌면 너무나 쉽게 정리해 버린다.

위의 관악구 멘토링 사업에서도 알 수 있듯이 관악구청의 행정정책에 변화가 생기면서, 그 사업이 지속적으로 운영될 수 없었다. 이에 반해 보스턴의 희망학원처럼 정부가 이러한 문제에 대해 예산을 문제 삼으면서 한발 물러나 있을 때 의욕적으로 해법을 찾아 나서 빈민 계층의 아동들에게 어떻게 하면 더 좋은 교육을 시킬 수 있었으며, 그 자금을 어떻게 확보할 수 있는지에 대해 새로운 대안을 마련하면서 성공할 수 있었다. 이와 같이 자본주의 시대의 사회혁신을 위해 정부가 적극적으로 지원해야 하는 것은 맞지만, 그 정부가 주체가 될 필요는 없다.

두 번째의 원인으로는 서울대의 자원봉사는 왜 사회봉사를 해야 하는가에 대한 당위성만을 생각했을 뿐, 어떻게 빈곤계층에 대한 무상교육을 성공적으로 할 수 있는 혁신적인 방법에 대한 고민이 부족하였다. 물론 우리 주변에는 보이지 않게 사랑을 실천하면서 살아가는 사람들이 많이 있다. 극빈국에 무료로 도서관과 학교를 지어 주고, 돈이 없어 못 배우는 아이들에게 장학금을 지원해 주는 자선가도 있고, 불우한 이웃의 환경과 인권, 주택, 교육문제를 개선하고, 그들의 취업을 돕고, 장애인을 돕고자 하는 사회봉사자들도 적지 않다. 그러나 자선과 사회봉사만으로는 한계가 있다. 빌 게이츠와 워런 버핏은 천문학적인 액수의 기부를 함으로써 지구촌 억만장자들에게 사회공헌의 새로운 기준을 제시하기도 하였다. 또한 이로 인해 비영리단체에 기부하는 사람들이 점점 늘어나는 추세이다. 그러나 기존의 자선단체들은 늘어나는 기부금을 어떻게 사용할지에 대한 계획이 부족하고, 사회적 문제도 기하급수적으로 증가하는데, 이를 해결하기에는 너무나 느린 행보를 하고 있다. 아프리카의 경우도 그들을 돕겠다고 내놓은 기부금 액수는 점점 늘어나는 데 비해, 도움이 필요한 사람들을 효과적으로 지원할 수 있는 규모와 역량은 부족한 형편이다. 실제로 여러 비영리단체들이 제각각 아프리카에 고아원 한두 개씩을 세울 수는 있다. 그러나 아프리카에서 발생하고 있는 에이즈를 고려한다면 고아 문제를 해결하기 위해서는 턱없이 부족하다.

그래서 사회봉사 활동에는 존 우드와 같은 혁신적인 방법이 필요하다. 빌 드레이튼은 "사회적 변혁은 결코 낭만이 아니다. 창조적이고 이타적인 사람들은 많지만 그들 모두가 거대한 틀을 변화시키는 것은 아니다."라고 말한 적이 있다. 그는 이타적인 사회봉사 활동만이 사회를 변혁시킬 수 없다고 본다. 앞에서 언급한 보스턴의 사회봉사활동도 사회봉사정신에다 혁신적인 방법이 더해졌기 때문에 성공할 수 있었다. 보스턴의 희망학교는 혁신적인 교육 프로그램을 개발하고 더 많은 기부금을 모을 수 있는 방법을 생각하였고, 또 실천할 수 있었기 때문에 성공할 수 있었다. 이와 같이 양자의 차이는 사회봉사 활동에 있어서 혁신적인 방법을 모색하였는지에 달려있다. 이러한 혁신적인 방법은 제한된 재원을 활용하여 결과를 최대화하는 자본주의 운영방식에서 찾을 수 있다. 이러한 활동을 하는 조직이 바로 사회적 기업이다.

서구 자본주의가 경제적인 문제에만 목적을 두었다면, 사회적 기업은 인류 전체의 복지를 증진시키기 위해서 운영된다. 앞에서 살펴본 바와 같이 보스턴의 사회봉사는 얼마 되지 않는 사회적 자원을 효율적으로 운영하면서 그 사업을 확대할 수 있었고, 사업의 확대는 결국 더욱 많은 불우한 계층의 어린이들에게 교육의 혜택을 줄 수 있었다. 이와 같이 사회적 기업은 경제적 이윤을 추구하기 위해 혁신적인 방법을 사용하는 것이 아니라 빈곤계층, 환경문제, 일자리 창출 등의 사회적 문제를 해결하기 위해 혁신적인 방법을 사용한다. 사회적 서비스라도 사회적 기업이 맡아서 하면 정부보다 효율적이고, 민간 기업보다 공익적이며, 시민단체보다 유연하게 서비스의 질을 개선할 수 있다. 사회적 기업가가 기업가적인 자유로운 발상과 투철한 사회적 소명을 가지고 사회의 문제가 무엇인지 그 문제를 해결하기 위해 어떻게 해야 하는지를 현장에서 고민하고 직접 그곳에서 뛰어들어 해결방법을 찾아야 한다.

그래서 사회적 기업은 스티븐 잡스의 기업가적 혁신과 마더 테레사의 자선이 합쳐진 형태의 조직으로 이해할 수 있다. 기업가의 혁신정신을 영리기업에만 국한시킬 것이 아니라 사회적 혁신에도 적용하자는 뜻에서 사회적이라는 것과 기업가를 결합했다. 기업의 특성인 혁신적 방법을 통해서 사회적 문제를 해결하고자 한다. 이와 같이 사회적 기업은 자본주의 경제를 부정하지도 긍정하지도 않는다. 사회적 기업에서 자본주의 경제가 지니는 의미는 사회적 문제를 해결하기 위해서 혁신적인 방법을 운영한다는 것에 있다. 자본주의 경제 원리가 제한되어진 재화를 효율적으로 증진시키고자 한다면, 사회적 기업은 사회적 자본, 즉 이웃을 위한 배려와 공감, 그리고 관심 등의 제한적인 사회 재산을 효율적으로 운영하여 그 사회적 재산을 증진시켜 나가는 방법이다. 그래서 사회적 기업가는 테레사 수녀나 간디와 같이 인생 전체를 희생하는 사회실천가들을 더 이상 중시하지 않는다. 오히려 시민들의 봉사정신을 효율적으로 운용하면 테레사 수녀나 간디보다도 더 많은 사회적 문제를 해결할 수 있다고 주장한다. 그래서 이러한 의미에서 사회적 기업은 순수한 자선사업이나 사회봉사활동과도 구분된다. 하지만 사회를 위한 마음과 봉사정신이 전제 조건임은 말할 필요가 없다. 사회적 기업은 이웃에 대한 사랑과 관심, 윤리성을 근본으로 하는 것이며, 사회혁신은 단지 이러한 봉사정신을 효율적으로 운영하기 위해 방법일 뿐이다. 또 사회적 기업의 성장은 영리기업과 같은 개인 이윤을 증대시키는 것이 아니라 사회의 행복감과 공공선을 증대키는데 있다.

사회적 기업가는 정부나 기업 비영리단체가 등한시 한 빈틈을 매울 수 있다. 경영학의 아버지라 불리는 피터 드러커는 사회적 기업을 미국의 선도적인 성장 산업이라 전망했고, 하버드 대학 케네디 스쿨의 데이비드 거겐 교수는 '개혁의 새로운 엔진'으로 평가하기도 하였다. 선진국에서든 개발도상국에서든 사회적 기업은 가장 주목 받는 사회적 혁신 운동으로 확산되고 있다. 우선 우수한 인재들이 사회적 문제에 관심을 돌렸고, 이들에 대한 사회적 투자가 밀려들기 시작했다. 선진국에서는 사회적 기업이 사회서비스를 빈곤층과 낙후된 지역 구석 구석에 전달할 수 있는 새로운 복지 전달 체계로 떠오르고 있다. 또한 사회적 기업은 빈곤과 실업에 대한 혁신적인 해법을 제시하고 사회적 약자를 끌어안음으로써 사회적 자본을 확충하는 사회 통합의 대안으로 주목받고 있다.

4. 미래사회의 리더: 사회적 기업가

매년 1월 세계 여론은 스위스 다보스에서 열리는 세계경제포럼(다보스포럼)을 주목한다. 다보스포럼은 세계의 저명한 경제인, 기업인, 정치인, 저널리스트들이 모여 세계적 이슈에 대해 토론하고 연구하는 민간단체이다. 다보스포럼의 의제에서 뿐만 아니라 참석자의 화려한 경력으로 볼 때 이 포럼은 세계 최상급의 회의라 할 수 있다. 그런데 최근 포럼에서는 그다지 유명하지 않는 몇몇 인물들이 초청되었다. 그들이 유명한 인물이 아니라는 이유로 세상의 주목을 받기도 하였는데, 그들의 직업은 바로 사회적 기업가이다. 그들이 이 포럼에 참석하게 된 배경은 다보스포럼의 창업자인 클라우스 슈밥이 '사회적 기업가를 위한 슈밥재단'을 설립한 것과 밀접한 관련이 있다. 슈밥은 그 이전부터 사회적 문제를 혁신적으로 해결할 수 있는 사회적 기업가를 후원하고 있었고, 이 기회를 통해서 세계에 사회적 기업가들의 중요성을 알리고 싶었다. 그 이후 포럼에서도 계속해서 사회적 기업가를 초대하였다. 슈밥의 판단처럼 세계를 혁신시키는 사회적 기업가의 수가 급격하게 증가하였고, 실제로 사회를 변혁시키는 무수한 사회적 기업가들이 등장하고 있다.

그러나 아쉽게도 세계 곳곳에서 숨어서 활동하는 '사회적 기업가'에 대해서 모르는 사람이 너무나 많다. 2007년 다보스포럼에서 사회적 기업가가 초청 받았을 때, 그들이 도대체 무슨 일을 하는 사람들인가가 관심거리가 될 정도로 사회적 기업은 잘 알려지지 않았다. 그 포럼에 참석한 대표적인 사회적 기업가로는 그라민 은행에 영감을 얻어서 수십만 명의 빈곤층 파키스탄여성들에게 무담보 신용대출 사업을 벌이면서 파키스탄 여성들의 빈곤 탈출을 도운 로샤네 자파르가 있었으며, 그리고 아이들이 설사로 죽어가는 아프리카에서 공중화장실 가맹점 회사를 운영하는 아이삭 듀로자이예도 있었다. 그는 빈민가에 이동식 공중화장실을 공급하고 미취업 청년들을 운영자로 취업시켜 사용료를 받게 한 후, 사용료로 번 수입의 60%는 운영자가 갖고 40%는 회사에 내게 하였다. 회사는 그 40%를 새 변기구입에 재투자하였다. 또 10년 째 오스트레일리아에서 각 가정이 탄소방출을 줄이는 생활을 하도록 지원하는 회사 '손쉽게 녹색으로 살기'의 대표로 일하는 닉 프란시스도 있었다. 그 외에도 다보스 모임에 참석하지 않는 사회적 기업가도 셀 수 없이 많다. 공중 보건을 공부한 데이비드 그린은 의료용품을 개발해 가난한 사람들에게 싼값에 팔면서도 얼마든지 흑자를 낼 수 있었다고 한다.

무하마드 유니스는 방글라데시에서 그라민 은행을 대표한 9명과 함께 가난을 퇴치한 공로로 2006년 노벨평화상을 받았다. 그는 실제로 빈곤계층에게 무담보 대출을 시작하면서 수많은 사람을 빈곤에서 탈출시키는데 성공하였다. 그는 1970년대 처음으로 자비 27달러를 47명에게 대출해 주면서부터 무담보 소액신용대출 은행을 세웠고, 그 누구의 기부도 받지 않으면서도 1998년에 7만 8천개의 마을에 걸쳐 710만 명이 넘는 빈곤층에게 무담보로 61억 정도를 대출해 주었다. 대출자의 64퍼센트가 실제로 빈곤에서 벗어났다고 한다. 그라민 은행은 유니슨 소액자금대출 운동을 통해서 방글라데시의 빈곤을 퇴치시키고 의료, 가난 등으로 사업을 확장하면서 계열회사로 발전하고 있다. 그는 이를 '그라민 실험'이라고 한다. 기존의 은행과 다른 점이 있다면 가난한 사람들을 고객으로 한다는 점이다. 그는 "왜 가난한 자는 대출을 받지 못하는가?"라고 물으면서, 오히려 가난한 자들이 은행의 대출이 더 필요하다고 보고 그들에게 무담보로 대출해 주었다. 그리고 시중은행보다 금리가 낮기는 하지만 연리 20퍼센트 정도의 이자를 받는다. 이 이자로 더욱 가난한 사람들에게 대출을 해 준다. 그렇다면, 대출액이 과연 환수될 수 있는가? 빌린 돈을 갚지 않아도 받아 낼 수 있는 어떠한 법적 조치도 없이도 대출자의 98.85퍼센트가 원금과 이자를 갚았다고 한다. 이 은행의 환수율은 일반 은행보다도 높다고 한다. 무마하드 유니스가 위대한 점은 바로 이웃에 대한 믿음에 있다. 그가 대출자들에 대한 무한한 신뢰가 없다면 무담보 대출은 불가능한 일이며, 가난한 대출자들 또한 그라민 은행에 대한 믿음이 있었기에 그들의 채무 변제의 의무를 저버리지 않았다. 이러한 거래에서 기존의 자본주의가 철저하게 개인의 이익과 욕망에 의해서 이루어지는 것에 비해 사회적 기업은 상호 간의 사랑과 믿음에 의해서 공생할 수 있는 체제의 가능성을 보여주고 있다. 무하마드 유니스와 그라민 은행의 금융시스템은 은행을 이용할 수 없던 가난한 금융 소외 계층의 가난을 극복하게 해 줌으로써 금융 사업을 넘어서 빈곤계층에게 자활할 수 있는 사회적 의미를 지닌 은행으로 거듭 태어나게 되었다.

사회적 기업을 언급하면서 빠트릴 수 없는 인물이 바로 빌 드레이튼이다. 빌 드레이튼은 1980년에 아쇼카를 설립하고 사회적 기업가, 사회적 투자, 사회적 벤처 캐피털과 같은 사회 변혁의 신개념을 제기하면서 사회적 기업의 대부로 불린다. 그가 5만 달러로 시작한 아쇼카 재단의 기금은 2007년 현재 3.000만 달러를 넘어섰다. 그리고 1981년 인도의 사회적 기업가를 찾아 첫 지원한 이래 지금까지 아시아, 아프리카, 아메리카, 중부 유럽 등 60개국에서 180명의 사회적 기업가를 발굴하고 지원했다. 자금 지원만이 아니라 사회적 기업을 위한 전략과 재정 설계를 비롯해 전문적인 교육도 제공했다. 그는 사람들에게 사회적 기업이란 개념을 인식시키고 유망한 사회적 기업가를 지속적으로 발굴해 오고 있다. 인재를 찾아내고 효과적으로 지원하는 시스템 측면에서 아쇼카 재단은 독보적인 존재라고 할 수 있다. 이와 같이 사회적 기업가는 무엇보다도 사회봉사정신에 투철하면서도 형식적인 사회봉사활동에서 벗어나 사회적 문제가 무엇인가에 늘 관심을 가지며, 자신의 지식과 지혜를 가지고 사회적 문제를 해결하고자 노력한다.

특정한 시대의 문제와 그 해결방법이 무엇인가에 대한 해답은 그 시대의 노벨평화상 수상자들의 직업과 공적을 통해서 유추해 볼 수 있다. 최근 10년 동안의 4명의 사회적 기업가가 노벨평화상을 받았다. 1997년에는 조디 위리엄스와 국제지뢰금지캠페인에, 1999년에는 국경없는 의사회에, 2004년에는 그린벨트 운동의 창립자 왕기라 마타이에게, 2006년에는 무하마드 유니스와 그가 세운 무담보 소액신용대출제도 은행인 그라민 은행에 노벨평화상이 주어졌다. 2007년의 세계자선포럼에서 전 미국대통령 빌 클린턴은 "아쇼카의 창립자 빌 드레이튼이 노벨평화상을 받을 날을 기대한다."라고 말하기도 하였다. 과거에는 노벨평화상이 주로 정치부문에 수상되었던 점을 생각하면, 사회적 기업가들에 대한 노벨평화상 수상은 새로운 시대의 도래를 의미한다고 볼 수 있다.

사회적 기업가에 대한 사회적 관심은 대학에서도 확인할 수 있다. 뉴욕 타임스의 니콜라스 크리스토프에 따르면, 미국에서 뛰어난 인재들은 2000년대에는 개인의 이윤추구와 사회적 발전을 동시에 추구하는 사회적 기업에 뛰어들고 있다고 소개했다. 세계 많은 대학들이 앞

다투어 '사회적 기업'을 교과로 채택하고 있다. 특히 미국의 대학들이 사회적 기업에 대해 적극적이다. 하버드 대학은 2006년에 '사회적 기업'을 정식 교과로 채택하고 있다. 스탠퍼드 대학은 독자적으로 사회적 문제에 대한 혁신에 관한 학부 과정을 설치하고 있으며, 사회적 기업가 정신 커리큘럼을 이수한 학생들에게는 매년 사회적 기업 모델 경연대회를 개최하여 우승 팀에게는 수천달러의 상금을 제공한다. 듀크대학과 칼럼비아대학에서도 사회적 기업 촉진 센타와 사회적 기업 프로그램을 개설하여 운영하고 있으며, 그리고 뉴욕대의 로버트 와그너의 공공서비스대학원 등이 개설되어 있다. 그리고 영국의 옥스퍼드대학의 세드비즈니스스쿨, 스페인의 나바라대의 IESE비즈니스스쿨, 남아프리카의 프레토리아대 고든 비즈니스연구소, 인도의 타타사회과학연구소 등은 특히 괄목할 만하다. 그리고 미국과 캐나다의 200개 이상 대학들이 관련 센터, 코스, 대회, 장학금 등의 프로그램을 두고 있다. 이와 같이 대학에서 사회적 기업 과목을 채택하게 하여 지성인으로서 사회에 대한 배려와 관심, 사회봉사 정신, 윤리성을 제고할 뿐만 아니라 현실의 사회문제를 해결할 수 있는 능력을 갖출 수 있도록 교육시키고 있다.

한국에서 사회적 기업은 1998년 금융위기 이후에 빈곤과 실업문제를 해결하고자 소개되기 시작했고, 2007년에 사회적 기업 육성법 제정안이 발의되었으며, 그 발의안에 사회적 기업 인증 제도를 두어 사회적 기업을 집중적으로 지원하고 있다. 또 지방자치단체에서도 각 지방의 실업률을 줄이기 위한 방안으로 예비 사회적 기업 육성 프로젝트를 수행하고 있는 등 다양한 정책을 내놓고 있다. 그러나 한국에서는 사회적 기업에 대한 인식 부족으로 여러 문제가 발생하고 있으며, 이를 극복하기 위한 대안으로 사회적 기업가를 양성하는 교육이 갈수록 중시되고 있는 추세이다. 그래서 대학교육에 있어서도 친국가적이거나 친시장적인 경향에서 벗어나 사회 문제를 해결할 수 자질과 능력을 갖춘 인재를 배양하도록 노력해야 한다. 사회적 기업은 대학생의 취업에 있어서도 새로운 영역을 제공해 줄 수 있다. 청년들은 단지 공무원이나 영리 기업에 취업하는 것에서 벗어나 개인의 행복, 사회의 발전, 지구생태를 보존할 수 있는 사회적 기업이라는 새로운 영역에 도전해 볼 수 있다.

5. 인성교육과 취업의 융합형 교육: 사회적 기업

한국 사회는 80~90년대 가난에서 벗어나 경제적 발전을 위해 노력하였고, 물질적으로 풍요로운 사회를 조성할 수 있었다. 대학교육에서는 개인의 능력만을 강조하면서 인성교육과 교양교육에 대해서는 소홀히 한 경향이 있다. 그래서 현재 한국의 대학은 취업실습소와 다를 바가 없게 되었으며, 대학의 평가에서도 취업률이 중요한 부분을 차지한다. 이제는 이러한 교육정책에서 벗어나야 한다. 물론 대학이 청년의 취업을 소홀히 할 수는 없지만 그 취업은 사회에 보람 있는 일자리 창출과 연계되어야 한다. 이를 위해서 대학은 인성 함양과 사회적 관심 그리고 전공 지식에 근거해 사회적 문제에 관심을 가지고 해결할 수 있는 교육을 시행해야 한다.

앞에서 사회적 기업이 미래 인류의 역사를 결정할 만큼 중요한 조직임을 언급하였다. 그래서 일반인이 사회적 기업을 지지하고 협력하는 일도 중요하지만 사회적 기업가를 양성하는 것도 중요하다. 이런 사회적 기업가 양성은 국가뿐만 아니라 대학의 몫이기도 하다. 대학은 개인의 이익보다는 사회 전체의 이익을 위해 봉사할 수 있는 인재를 육성해야 한다. 사회전체의 어려움을 자신의 아픔으로 생각하면서 이를 탁월한 학문성에 근거해 해결할 수 있는 능력을 지니고 있어야 한다. 사회적 기업가는 의사가 환자의 병을 고쳐 주는 것으로 직업적 만족을 얻듯이, 자신의 아이디어가 실현되었을 때 세상이 어떻게 변화되는가에 대한 전망을 지니고 있어야 한다. 그리고 그들은 자신의 꿈이 특정 부문이나 특정 지역에 실현되는 데 그치지 않고 그 영향력이 사회 전체로 확산될 때까지 노력을 멈추지 말아야 한다. 그래서 사회적 기업가의 자질은 끊임없이 자신의 꿈을 실현하고자 하는 개척정신, 사회적 문제를 혁신적으로 해결할 수 있는 창의성, 이웃에 대한 사랑과 사회에 대한 관심과 같은 도덕품성, 기업을 운영할 수 있는 기업가적 자질 등을 지니고 있어야 한다.

사회적 기업가 양성교육은 인성교육의 모형으로 활용할 수 있다. 최근 인성교육의 중요한 덕목은 타인에 대한 사랑과 사회에 대한 관심 그리고 세계시민으로서의 자질을 배양하는 데 있다고 볼 수 있다. 이런 인성교육은 다양한 방식으로 진행될 수 있지만 사회적 기업 교육을 통해서도 진행될 수 있다. 그리고 이러한 교육을 통해 봉사정신이 투철하고 사회문제를 해결할 수 있는 인재를 육성할 수 있다. 그렇다면 사회적 기업가 양성에 있어서도 인성교육은 중요하다. 사회적 기업가가 갖추어야 할 자질이 바로 사회봉사정신, 개척정신, 이웃에 대한 사랑과 같은 덕목이기 때문이다. 최근 한국의 사회적 기업이 초래한 폐단 또한 이러한 인성과 도덕성을 갖춘 기업가가 부족했기 때문이다. 그래서 사회적 기업 교육에서 인성교육을 강화할 필요가 있으며, 인성교육 또한 현실적이고 실천적인 교육을 위해서 사회적 기업 관련 교육을 활용할 수 있다.

한국의 청년은 기성세대보다 이웃을 사랑하는 마음을 지니고 있고, 사회봉사 활동에 관심을 갖고 있으며, 무한한 잠재력을 지니고 있으면서, 열정적인 학생으로 성장하고 있다. 이처럼 대학생들이 잠재력과 열정을 발휘할 수 있는 기회를 제공해 주어야 한다. 필자는 대학 수업에서 사회적 기업 관련 수업을 한 적이 있다. 어떤 학문이건 사회와 소통하지 않는 학문은 공허한 이상만을 쫓는 학문에 불과하며, 어떤 방식이든 학문은 사회적 기능을 다해야 한다. 하지만 아쉽게도 최근 대학은 기업과는 산학협력 체제를 구축하고자 노력하면서 사회와 소통할 수 있는 프로그램에 대해서는 소홀히 하고 있다. 물론 대학은 학생이 전문지식을 습득하여 기업이나 공무원의 길을 열어주는 것도 중요하지만 사회 발전을 위해 헌신할 수 있는 인재를 배양하는 교육도 중요하다. 기존 교육이 너무나 이론 위주, 시장경제 위주로 진행되면서, 대학생들은 창의성, 도덕성을 배양하기는커녕 기존의 능력마저도 상실하고 있는 실정이며, 나아가 삶의 자신감마저도 잃고 있다. 전공지식을 아무리 열심히 해도 취업하기가 어렵다고 생각하면서 전공학문에 대한 관심과 흥미마저도 상실하고 있다. 그래서 대학은 그들의 마음을 치유해주어야 하고, 삶의 의욕과 자신감을 회복시켜 줄 수 있어야 한다. 사회적 기업 관련 교육은 한국의 청년이 바람직한 삶을 어떻게 살아가야 하며, 사회의 문제가 무엇인지를 심층적으로 이해하는데 도움을 줄 수 있다. 다만 현대사회의 구조가 그들의 거룩하고 아름다운 생각을 수용하지 못할 뿐이지 그들에게 사회에 대한 관심이 없는 것은 아니다. 사회적 문제를 자기 나름대로 해결하고자 하는 그들의 열정과 아이디어에서 한국의 밝은 미래가 펼쳐질 수 있다. 그래서 인성교육을 사회적 기업에서 접근해 보고자 한다. 이러한 접근을 위해 이 책에서는 인성 함양, 사회적 문제, 기업운영 방식에 관해 서술해 보고자 한다.

우선적으로 사회적 기업에서 필요한 덕목이 무엇인가를 중심으로 논의하고자 한다. 사회적 기업은 기존 영리 기업이 초래한 사회적 문제를 해결하는 기업이다. 최근 한국에서의 사회문제는 개인주의와 관련된다. 한국인은 개인의 권리와 이익을 보장받게 되면서 물질적인 욕구를 끊임없이 채워보았지만, 그 갈증은 더욱 증대되어졌다. 그래서 이웃은 자신의 이익을 얻기 위한 수단으로 전락하면서 더 이상 동료나 동반자가 아니라 경쟁해야 할 대상으로 간주되고 있다. 대학에서도 친구 간의 우정은 더 이상 중요한 덕목이 되지 못하고, 교수와 학생과의 관계도 단지 지식을 전달하고 전수받는 계약 관계로 전락하고 있다. 이와 같이 대학은 갈수록 폐쇄적인 공간이 되고 있다. 그래서 대학은 개인 중심의 교육에서 타인과 더불어 할 수 있는 공동체 중심의 교육으로 전환해야 한다. 이러한 공동체 중심의 교육을 위해서는 상호간에 소통하고 신뢰하고 공감할 수 있는 인성교육이 필요하다. 이런 덕목은 사회적 기업을 작동시키는 중요한 동인이기도 하다. 사회적 기업에서 소통은 취약계층, 지역사회, 기업과의 관계에서 뿐만 아니라 사회전체가 소통할 수 있는 매개가 될 수 있으며, 이런 소통은 상호 신뢰에 근거해 협력할 수 있는 사회를 조성하는 근본적인 덕목이기도 하다. 사회적 기업의 운영 또한 이러한 사회적 자본인 신뢰에 근거한다. 사회적 자본은 다른 형태의 자본과 같이 생산적이기 때문에 사회공동체의 유대감을 조성해주고, 최근 국가의 경제발전의 중요한 동인으로 인정되고 있다. 구성원들이 상호 신뢰하고 타인에 대한 믿음을 보이는 집단은 그렇지 않은 집단보다 많은 것을 성취해 낼 수 있다.

사회적 기업의 구성원 그리고 생산자와 소비자 간의 신뢰는 무엇보다도 중요하다. 사회적 기업은 사회적 문제에서 출발해 사회적 서비스를 생산하고 판매하여 이윤을 추구하는 기업이다. 그래서 사회적 문제를 탐구하고, 그 사회문제와 관련 있는 자료를 찾으며, 그 원인을 분석하고 구체적인 해결방법을 모색해야 한다. 사회적 기업은 사회적 서비스를 생산, 유통, 판매하는 기관이다. 그래서 한국에서 사회적 서비스는 우선 사회적 배제자를 이해해야 한다. 사회적 배제자는 일반적으로 1. 빈곤과 낮은 수입, 2. 노동시장에 대한 접근 경험의 취약, 3. 사회적 지지자와 연결망의 취약 또는 부재, 4. 지역사회와 이웃의 부정적 효과, 5. 공공서비스로부터의 배제가 사회적 배제를 구성한다고 지적한다. 실제로 빈곤층의 삶을 보면 단지 소득이 낮은데 그치지 않고 교육, 각종 서비스에 대한 접근, 주거환경, 가족 및 사회적 관계, 노동시장에의 접근, 각종 정보 등에 접근이 차단되고 있거나 불이익을 당하고 있다. 그 결과는 더 취약한 능력과 악화되는 빈곤일 뿐이다. 사회적 기업은 고용창출을 통해서 노동의 기회를 제공하고, 사회서비스의 제공을 통해 사회통합을 도모하며, 지역의 필요에 적극적으로 대처해서 사회적 기업의 구성원들이 지역문제 해결의 주체가 될 수 있는 기회를 제공한다. 또한 다양한 유무형의 지원을 동원하며, 사회적 기업의 구성원이나 지역 구성원들에게 귀결될 수 있도록 하고, 구성원들의 주체적 참여를 강조한다. 이러한 사회적 기업의 활동 특성은 사회적 배제에 대한 유효한 실천 전략이라고 할 수 있다.

사회적 기업은 실천프로그램이다. 앞에서 언급한 바와 같이 공동체의 공공선을 실현하기 위해 사회적 문제와 사회적 서비스를 이해하는 것에 그치지 않고 이를 효율적으로 운영할 수 있는 실천 프로그램을 개발해야 한다. 서구자본주의가 경제적인 문제에만 목적을 두었다면, 사회적 기업은 인류 전체의 복지를 증진시키기 위해서 운영된다. 사회적 기업은 제한적인 사회적 자원을 효율적으로 운영하면서 그 사업을 확대할 수 있고, 사업의 확대는 결국 더욱 많은 불우한 계층에게 혜택을 줄 수 있다. 이와 같이 사회적 기업은 바로 경제적 이윤을 추구하기 위해 혁신적인 방법을 사용하는 것이 아니라 빈곤계층, 환경문제,

일자리 창출 등의 사회적 문제를 해결하기 위해 혁신적인 방법을 필요로 한다. 사회적 기업가는 기업가적인 자유로운 발상과 투철한 사회적 소명을 가지고 사회의 빈틈이 무엇인지 그 빈틈을 메우기 위해 어떻게 해야 하는지를 현장에서 고민하고 직접 그곳에서 뛰어들어 해결방법을 찾아야 한다.

그리고 기존의 사회적 기업을 조사하고 문제점을 분석할 수 있는 자료를 구축해야 한다. 사회적 기업은 사회실천이다. 그래서 기존의 조사와 연구를 통해서 사업을 할 수 있다. 따라서 학생들이 사회적 기업 사업보고서를 작성할 수 있어야 한다. 최근 사회적 기업은 인문학, 예술, 생태사업, 금융사업, 여행사업, 공학 분야 등 영역에서, 지역별로 농촌살리기 사업, 지역공동체 자활사업, 최빈국을 대상으로 하는 봉사활동, 생태 문제 등 다양한 영역과 대상으로 전개되고 있다. 이러한 자료를 활용하여 자신의 전공영역이나 관심영역의 사회적 기업을 조사해 보고 그 한계성을 분석하고 새로운 사회적 기업을 창업할 수 있는 준비단계로 삼을 수 있어야 한다.

마지막으로 사회적 기업 창업보고서를 작성할 수 있어야 한다. 사회적 창업계획서는 사회적 미션을 달성하기 위한 사회적 기업경영의 설계도이다. 사회적 창업보고서는 영리기업과 다른 특징을 지닌다. 영리기업이 개인과 기업의 이익 추구만을 위한 목적으로 작성된 것이라면, 사회적 창업보고서는 사회적 미션과 사회적 효과에 근거해 작성해야 한다. 이를 위해 사업아이디어와 사회적 미션을 분명히 이해할 수 있고, 외부환경과 내부역량을 분석할 수 있는 교육프로그램이 필요하다. 그리고 비즈니스 모델을 바탕으로 사회적 미션과 비즈니스 목표를 수립하고 이를 달성하기 위한 개발, 생산, 판매, 재무 등의 세부 경영 활동을 어떻게 수행할 것인지를 구체적이고 체계적으로 기술할 수 있는 프로그램에 관해 논의해 볼 필요가 있다. 그 밖에 사회적 기업 창업계획서 작성 시 유의사항, 소셜 미션 수립과정, 이해자 공감 확보, 미션 정의, 사회적 경제적 가치 파악 등에 관한 교육이 이루어져야 할 것이다.

2장

따뜻한 사회를 위한 인성교육

1. 대학에서 인성교육의 필요성

2. 현대사회가 요구하는 인재

3. 따뜻한 사회를 위한 대학의 인성교육

2장

따뜻한 사회를 위한 인성교육

1. 대학에서 인성교육의 필요성

1) 인성교육의 필요성

오늘날 인성교육의 중요성은 다각적인 측면에서 제기되고 있다. 인성교육은 현대사회에서만 이슈가 되는 주제는 아니다. 동서양의 전통 속에는 인성교육의 범주에 포함시킬 수 있는 다양한 이론과 실천이 있어왔다. 이미 인성교육에 대한 다양한 논의가 전개되었음에 불구하고, 오늘날 인성교육의 필요성에 대한 논의가 새롭게 제기되고 있으며, 인성교육의 방법 및 목적 등이 학계에서뿐만 아니라 사회적으로도 이슈가 되고 있다.

현대인이 인성교육에 관심을 기울이는 이유는 사회구조적인 상황에 기인하는 것이라고 할 수 있다. 현대를 지배하는 현대 세계관은 인간의 내적 성장보다는 외적인 성취와 성공 그리고 욕망충족에 많은 가치를 부여한다. 따라서 현대인은 더 행복한 삶을 위해 부단한 노력을 기울이고 있지만, 현대인이 삶에서 행복을 얻기란 구조적으로 매우 힘들다. 왜냐하면, 외적인 성취와 성공 그리고 욕망충족을 통해서 우리는 삶의 궁극적인 도달점에 닿지 못하기 때문이다.

대부분의 현대인은 행복을 얻기 위해서 더 많은 것을 소유하고 더 높은 지위를 얻고 더 큰 즐거움을 얻고자 노력을 기울인다. 그러나 그런 노력을 하면 할수록 외적으로는 그것들을 소유하고 많이 누리는 화려한 모습으로 보일지 모르지만, 내적으로는 소외된 삶을 경험할 수밖에 없다. 현대인들이 행복을 얻기 위해서 선택한 것들은 행복을 주기보다는 그것들을 얻기 위해서 근본적으로는 삶을 파괴하게 만드는 경향이 강하다. 왜냐하면 현대 세계관을 받아들이고 현대적인 삶에 충실한 현대인들은 자기 마음의 노예처럼 살아가는 경향이 있기 때문이다. 기쁘면 기쁨의 노예가 되어서 기쁜 마음의 지배를 받게 되고, 슬프면 슬픔의 노예가 되어 슬픈 마음의 지배를 받는 경향이 있다. 이런 경향에 의해, 현대인들은 마음에 일어난 생각이 자기 자신인 것처럼 착각하고 살아가기도 한다(이현지·이기홍, 2012: 41). 또한 현대인은 나는 누구인지에 대한 질문을 결여한 채 소외된 삶을 살기 쉽다(정재걸, 2007: 270).

"당신은 잘 살고 있습니까?" 이 질문에 자신 있게 '그렇다'라고 답할 수 있는 현대인은 많지 않을 것이다. 또한 '잘 사는 삶'은 무엇인가라는 질문에도 현대인은 분명하게 답하기가 쉽지 않을 것이다. 현대인에게 있어서, '잘 산다는 것'은 무엇인가에 대한 답이 어려운 이유는 무엇일까? 그 이유를 현대인의 삶을 지배하는 세계관의 문제에서 찾아볼 수 있다.

오늘날 현대인의 삶을 지배하는 세계관에 의하면, 잘 산다는 것은 현대적인 성취를 이룬 삶이라고 할 수 있다. 현대적인 성취는 직업적 성공, 사회적 지위, 높은 연봉, 경제적 부 등을 추구하는 것으로 드러난다. 그러나 실제로 삶에서 현대적 성취를 이룬 것이 삶의 행복과 직결되지 않는다는 것을 쉽게 알 수 있다. 아이러니하게도 현대적 성취에 몰입하면 할수록 삶으로부터 인간적인 소외를 경험하게 된다(홍승표, 2014: 144). 이와 같은 현대적 세계관을 추구하는 것과 잘 사는 삶 사이에 발생하는 괴리감이 현대인이 잘 사는 삶에 대한 답을 쉽게 찾지 못하는 원인 가운데 하나라고 할 수 있다.

현대사회는 지금까지의 인류의 역사를 미루어 볼 때, 빈부의 격차가 심각해지고 있다는 사실은 인정하더라도 물질적인 면에서만은 가장 윤택한 삶을 영위하고 있다고 할 수 있다. 그러나 현대인의 삶은 더욱 각박해지고, 힘들며, 불행해지고 있다. 현대인이 느끼는 삶의 피로감은 불행의 원인이 되고 삶의 질을 저하시키고 있다. 현대인이 직면한 더욱 심각한 문제는 잘 사는 삶에 대한 비전을 상실한 채, 어떻게 살아야 할 것인가에 대한 질문은 간과하고 현대적 가치를 추구하는 삶에 매진하고 있다는 점이다.

다시 말해서, 현대인의 삶의 가장 큰 문제점은 어떤 삶을 살 것인가에 대한 비전을 가지고 있지 않다는 점이다. 잘 사는 삶에 대한 문제제기를 결여한 채, 현대적 가치에 부합하는 삶을 살기 위해서 매진하는 경향이 있다. 특히 한국사회는 이러한 경향이 더욱 강하게 드러나고 있다. 자신의 적성이나 삶에 대한 지향은 고려하지 않은 채, 사람들이 좋은 직업이라고 하면 이유도 묻지 않고 치열한 경쟁으로 뛰어드는 도박 같은 삶을 선택하기도 한다.

이러한 외적인 성취만을 목적으로 하는 삶은 사회적 지위, 경제적 부, 인기, 외모 등으로 개인을 평가하는 반면, 자기 내면에 관심을 기울이고 '참 나'를 만날 수 있는 기회를 배제한다. 이에 현대인은 삶으로부터 소외되고, 삶을 허비하게 된다. 나아가서 외적인 상실을 자신의 존재 가치를 상실한 것으로 착각하고 고독한 삶을 살아가게 된다. 실존주의 소설 『변신』의 주인공인 그레고르의 삶이 가장 극단적으로 그런 현대인의 삶의 단면을 보여준다.

가족 생계를 책임지고 있는 주인공은 잘만 되면 당장이라도 회사를 때려치우리라고 생각하며 살아간다. 그는 분리된 개체로서의 현대인이라는 근원적인 고독감에 직면해 있으며, 외적인 성취를 통해서 자아확장투쟁으로서의 삶을 산다(프란츠 카프카, 2012). 어느 날 벌레로 변한 주인공이 가족과 세상으로부터 버림받고 외면당하는 이야기를 통해서, 카프카는 소외된 현대인의 삶의 단면을 보여주고자 했다.

소설에서나 가능한 극단적인 이야기라고 치부하기에는 현대인이 직면한 현실을 무시할 수 없는 것이 아닐까? 오늘날 현대인들은 외적인 성취를 추구하면서 자기와의 만남이나 사랑하는 사람들과의 현재의 삶을 허비하기도 한다. 또 끊임없이 자아확장투쟁을 통해서 외적인 성취를 이루고자 하지만, 그러한 삶에 집착하면 할수록 현실의 삶은 공허하고 텅 비어가는 경험을 하고 있다.

현대사회의 특징은 현대인이 다양한 삶의 모순에 직면하도록 한다. 현대사회의 특징을 설명하는 수식어는 매우 다양하다. 그 가운데 현대적인 삶의 단면을 가장 잘 보여주는 위기사회, 분노사회, 경쟁사회라는 세 단어를 통해 현대사회의 모습을 살펴보자. 또, 이러한 현대사회의 사회성격에 의해서, 현대인이 경험하게 되는 삶의 모순은 어떠한지 분석해 보도록 하자.

첫째, 현대사회는 위기사회라고 규정되고 있다. 오늘날 위기의식은 사회 전반적으로 팽배해있다. 현대사회를 지배하고 있는 위기감은 우리의 삶을 매우 불행하게 만들고 있다. 인터넷의 급속한 발전과 세계화로 인해, 언제부터인가 인류는 전 세계가 경험하는 재난과 재해를 동일한 시간대에 공유할 수 있는 시대를 살고 있다(정승안, 2011: 213). 이러한 삶의 변화는 세계의 소통에 기여한 바가 크지만, 전 세계를 일순간에 위기감과 두려움으로 몰아가기도 한다.

최근에는 위기에 대해 다각적인 입장에서 논의되고 있으며, 위기에 대한 연구가 활발하다. 이러한 경향이 나타나는 이유는 무엇일까? 현대사회 자체의 위험성에 의해서 위기에 대한 연구가 활발할 수밖에 없다는 해석과 근대인들의 역사인식의 중요한 방식이 바로 위기의식이라는 점, 그리고 개별 연구자가 자기 연구대상을 부각시키기 위한 방법으로 연구대상을 위기로 인식한다는 입장 등이 있다(백영경, 2014: 252-253). 위기의식이란 그것에 대한 실체가 있든 없든 삶을 불행으로 몰고 갈 수 있으며, 현대사회가 그런 영향 하에 있다는 것이다. 위기의식은 위기의 실체와 무관하게 삶에 대한 두려움이 확산되도록 한다. 결과적으로 삶의 질을 저하하는 결정적인 요인으로 작용한다.

둘째, 현대사회는 분노사회라고 설명되기도 한다. 다시 말해서, 현대사회를 앵그리사회(Angry Society)라고 한다. '사회적 분노'라는 말은 오늘날의 사회가 직면한 구조적 한계가 사회구성원들을 '화'로부터 자유롭지 못하도록 자극하고 있다는 것을 말한다. 현대인들이 삶의 많은 영역에서 스트레스를 호소하고, 자신이 처한 상황과 현실에 분노하고 있다.

심지어 초등학생들마저 학원, 과외, 숙제 등으로 스트레스를 호소하고 있다(헤드라인 제주, 2014년 10월 15일자). 그런가 하면, 청년들은 부족한 일자리 때문에, 장년들은 불안한 경기 때문에, 노인들은 건강과 경제적 어려움 등으로 인해서 스트레스를 호소하고 있다. 정지우(2014: 19)는 다수의 사람들이 자기 삶에서 나오는 모든 불만, 갈등, 분노를 사회 탓으로 돌리는 경향이 있다는 점을 지적하고 있다. 이러한 스트레스가 만연한 사회적 분위기가 사회구성원들의 화로 연결되고, 그 화가 팽창하여 사회 전체를 분노사회로 몰아가고 있다.

셋째, 현대사회는 치열한 경쟁사회이다. 경쟁사회란 현대사회의 단면을 가장 잘 보여주는 수식어이다. 무한 경쟁사회는 경쟁에 노출되는 개인의 삶을 완전히 구속하고 지배하며 파괴적인 영향을 미친다. 고도 경쟁사회라는 사회의 구조적 조건은 노동자의 감정과 행동양식에 영향을 미치기 때문에, 노동자들은 상태가 나빠지고 공포감이 심화되는 양상을 볼 수 있다. 이러한 상황에서는 노동자들의 저항이 약화되는 현상이 나타나기도 한다(박형신·정수남, 2013: 205). 이러한 주제는 오늘날 감정사회학 분야에서 흥미로운 주제로 부상하고 있다.

경쟁사회에 대한 인식의 바탕에는 유한한 자본을 획득하고자 하는 끊임없는 욕망의 존재로서의 인간에 대한 규정이 있다. 이러한 관점에서 보면, 인간은 더 많은 물질적 이익을 추구하고 무한 경쟁의 구도에서 생존하기 위해서 치열한 경쟁을 불가피하게 선택할 수밖에 없는 존재이다. 현대사회가 경쟁사회로 치닫고 있고, 경쟁사회의 폐해가 현대인의 삶을 지배하는 것은 이러한 인간에 대한 관점이 현대를 지배하고 있다는 것을 잘 보여준다.

이상 현대사회의 특징에 의해서 드러나는 현대인의 삶은 다음과 같은 세 가지의 모순에 직면하고 있다.

첫째, 투쟁의 삶이다. 현대인의 삶은 투쟁의 연속이라고 할 수 있다. 투쟁으로서의 현대인의 삶은 다툼을 통해서 주인공이 되려고 하고, 다른 사람과 비교하면서 불행을 키우며, '나'라는 생각에 사로잡혀서 '나'아닌 것들과 투쟁하는 삶을 산다. 현대인의 삶은 다툼의 연속이며, 현대인은 다툼에 능한 사람이 되고자 한다. 이러한 현대인에게 세상 모든 사람이 적이 될 수 있다. 현대인은 상대에게 약해 보이지 않으려고 자신을 과장하고, 분노를 폭발하기도 하며, 자기 기분에 조금만 거슬리면 맞붙으려 하고, 잘 다툼으로써 다른 사람을 지배하려고 한다.

이러한 현대인은 삶의 모든 순간에 자신이 주인공이 되어야 한다고 생각하여, 사람들 앞에 한 치라도 나서고 자신을 내세우기 위해서 애쓰는 치열한 삶을 살고자 한다. 현대인은 주인공이 되려 하고 다른 사람들보다 조금이라도 앞서려고 함으로써, 온 세상을 대상으로 이유 없는 전쟁을 치루면서 사는 경향이 있다. 이런 삶은 세상과 다른 사람을 존중하지 않고 가볍게 여기는 치열한 다툼의 연속으로 점철된다. 그런 다툼에 집중하다가, 자기가 소중하게 여기는 가족의 사랑, 건강, 일상의 행복 등을 잃어버리기도 한다.

둘째, 욕망의 삶이다. 현대인은 욕망을 충족시키는 삶에 집중함으로써, 진정한 삶의 의미를 상실하게 된다. 현대적인 욕망을 충족하기 위해서, 그리고 높은 목표를 설정하고 달성하기 위해서, 자기의 삶을 투자한다. 현대인은 더 나은 미래를 살기 위해서, 현재의 삶을 허비하는 어리석은 선택을 한다. 그리고 그것을 삶에 대한 투자라고 생각하고 잘 사는 삶에 대한 궁극적인 질문 없이 질주만 하는 경향이 있다.

이러한 현대인은 자기와 다른 사람과 견주어서 비교한다. 이때 자신의 삶을 온전히 살 수 없다. 비교하는 순간 다른 사람이 욕심내는 것을 소유하기 위해서 싸움을 시작할 수밖에 없기 때문이다(홍승표, 2005: 47). 겉으로는 다른 사람과의 싸움으로 보이지만 사실은 자신의 삶을 파괴하는 전쟁이다.

욕망을 충족시키기 위한 삶을 사는 현대인들은 경쟁과 갈등을 당연시 하면서 불행의 크기를 키우는 삶을 산다(홍승표, 2011: 27). 삶의 진정한 의미를 발견하는 방법은 다툼을 멈추고 좋은 것을 차지하려는 집착으로부터 자유로워지는 것임에도 불구하고, 물이 처하는 가장 낮은 곳에는 아무도 머물려고 하지 않는다. 인간을 욕망하는 존재로 규정하고, 타자의 인정을 갈망하며, 타자의 욕망을 욕망한다. 그러나 이러한 욕망이 완전히 충족될 수 없으므로, 어느 정도의 긴장을 안고 살아갈 수밖에 없다(스베냐 플라스푈러, 2013: 19).

셋째, 삶으로부터 소외이다. 현대인들은 대상에 대한 지식을 쌓고, 자기가 알고 있다는 것을 과시하려고 하며, 그 지식을 바탕으로 자기가 옳다는 것을 주장하기 위해서 끊임없이 다른 사람들과 다툰다(정재걸, 2007: 252). '나'라는 존재를 인정받기 위해서, 그럴 듯한 말로 포장하기도 하고 이런저런 지식을 쌓는데 많은 시간을 투자한다. 이러한 현대인의 앎이 커질수록 다른 사람과의 다툼을 위한 더 강한 무기가 되어, 자신을 포함한 세상을 파괴할 수 있다.

이러한 현대인은 삶을 지키려고 죽음을 거부한다. 그래서 삶에 집착하여 잘 살려고 하고, 오래 살려고 발버둥을 친다. 현대인은 잘 살기 위해서, 더 많은 권력이나 부와 명예 등을 쫓는다(이현지, 2014: 261). 그리고 오래 살기 위해서, 몸에 좋다는 것을 먹고 죽음으로부터 도망치려는 사투를 벌인다. 이런 현대인의 잘 살려는 노력은 현대인을 권력, 부, 명예, 죽음의 노예로 전락하도록 한다.

현대사회를 지배하는 현대 인간관에 의하면, 인간다움에 도달하는 것은 희소한 자원을 얼마나 쟁취하는가에 달려있다. 이에 현대인에게 자아확장투쟁으로서의 삶은 보편화 되어있다. 자신에 대한 내면으로 향하는 관심은 결여하고 외적인 성취를 키우는 데 관심을 기울임으로써 자신을 포함한 타인과 자연을 사랑하는 능력을 상실하게 된다(홍승표, 2012: 49). 결과적으로 이러한 삶을 사는 현대인은 삶으로부터 소외될 수밖에 없다.

이와 같은 소외된 삶을 사는 현대인에게 인성교육은 절실하게 요청되고 있다. 어떤 삶이 대안이 될 수 있을지에 대해서 명쾌한 해답을 찾지 못한 현대인에게 인성교육은 삶의 새로운 비전을 제시해 줄 수 있을 것이다.

2) 현대사회와 인성파괴의 원인

오늘날 현대사회는 총체적인 난국에 직면해 있다. 나날이 증가하는 자살률과 확대되고 있는 빈부격차, 그리고 사회적 위기의식과 불안감은 현대사회를 피로사회라고 부르는데 이의를 제기하지 못하도록 한다. 현대사회가 인류의 역사 이래 물질적으로는 가장 풍요로운 시대임에도 불구하고, 현대인은 불행하고 경쟁에 내몰리며 인간적인 소외로 고통을 받고 있다. 물론 전현대사회의 구조적인 불평등이나 차별이 어느 정도는 해소되었으며, 어느 정도의 인간적인 삶을 위한 조건이 보장되었다는 점에서 현대적인 세계관은 기여한 바가 크다. 지금 우리가 문제로 삼는 것은 현대적인 세계관이 지속되고 목표로 추구되는 오늘날 드러나는 현대적인 고통이다.

현대사회는 왜 이러한 문제에 직면할 수밖에 없는 것일까? 이 질문에 대해서, 다음과 같은 이유를 말할 수 있을 것이다.

첫째, 현대사회는 예(禮)가 무너진 사회이기 때문이다. 현대사회에서 나타나는 많은 사회문제는 자기를 무시하고 상대를 무시하는 것에서 원인을 찾아볼 수 있다. 종교, 인종, 국적, 성별 등에서 드러나는 차이를 차별로 확대하려는 경향이 현대사회를 지배하고 있다.

현대사회에서 예가 무너질 수밖에 없는 이유는 인간을 욕망의 주체로 인식하기 때문이다. 현대사회는 전현대사회가 간과했던 인간의 욕망에 대해 긍정적으로 인식하고 인정하는 관점을 가지고 있다. 이러한 관점은 "인간의 영적이고 정신적인 면을 인간에 대한 인식에서 배제한 채, 배타적으로 인간의 감성적·물질적인 특징만을 강조하는 세속적 인간관(홍승표, 2012: 29)"이다. 이 관점으로 인간을 바라보면, 인간이란 자신의 욕망 충족의 극대화를 추구하는 존재이다. 이와 같은 인간관의 지배를 받는 현대인은 인간관계와 사회관계에서 관계의 파괴에 직면할 수밖에 없다.

둘째, 현대사회는 관계가 파괴된 사회이기 때문이다. 오늘날 인간과 자연, 인간과 인간, 인간과 사회, 사회와 사회 간의 관계가 파괴된 양상이 심각하다. 상호 신뢰가 붕괴되고, 믿음을 상실했으며, 갈등과 투쟁이 드러나고 있다.

이러한 양상이 현대사회를 지배하는 이유는 모든 관계를 분리·독립된 개체의 합으로 인식하고 있기 때문이다. 그로 인해, 현대사회는 비인간화와 인간소외의 문제에 직면해 있다. 욕망의 주체로서 인간관은 자신의 욕망을 충족시키는 데에 삶의 목적을 두며, 모든 사회관계를 나와 분리·독립된 개체의 합으로 인식함으로써, 적대적 대립의 관계로 바라본다. 나를 둘러싼 세계는 투쟁을 통해서 정복하고 탈취해야 할 대상으로 인식된다. 이와 같은 이해관계의 대립에 의해, 현대인은 인간소외를 경험하고 결과적으로 관계의 파괴로 인한 비인간화에 직면하게 된다.

셋째, 현대사회는 교육의 근본을 상실한 사회이기 때문이다. 오늘날 현대사회는 어떤 사람을 길러낼 것인지, 어떤 세상을 만들 것인지에 대한 비전을 가지고 있지 못하다. 현대교육은 몸값이 높은 직업인 양산을 목표로 치부하고, 현대사회는 경제적으로 부유한 사회가 되는 것을 목표로 치부한다.

그로 인해서, 현대사회는 교육 및 공부의 궁극적인 목적을 상실했다. 현대사회에서 교육은 직업인을 양산하는 것에 초점을 맞추고 있다. 교육은 개인의 몸값을 높이는 도구로 전락했고, 현대인은 교육을 통해서 치열한 경쟁의 세계를 경험하게 된다. 오늘날 현대교육의 목표를 비판하는 대안교육들 마저도 이익-손해의 패러다임을 전제로 "아이들이 가진 천부적인 재능을 최대한 발현시키고, 실천이성을 통한 아이들의 도덕적 선의지를 최대한 고양시키는 것을 목표로 삼고 있다

(정재걸, 2015: 34).”

넷째, 현대사회는 잘 산다는 목표의 혼란에 직면해 있다. 경제적인 측면에 국한해서 생각해 보더라도 현대사회가 추구하는 잘 사는 삶은 도달할 수 없는 사회이다. 매년 세계 각국은 경제적인 성장을 목표로 발표하고 경제적인 확대를 추구한다. 그러나 끊임없이 확대해 나가는 사회의 양적 발전이라는 것이 가능할 수 있을까? 당연히 불가능하다. 그러기 위해서는 무엇인가를 파괴하고 새롭게 건설해야 한다. 파괴를 통해서라도 건설의 대상을 발굴하고자 하는 현대의 논리는 극단적으로 전쟁이라는 파괴적인 선택으로 드러나기도 한다.

이러한 현대사회는 경제지상주의의 지배를 받고 있다. 개인과 사회는 이익을 극대화 하는 것을 목표로 한다. 현대사회에서 “사회란 각자 자신의 이익을 추구하는 개인들에 의해서 형성된 거래의 장이라는 시장(홍승표, 2011: 79)”이다. 이러한 관점에 의해, 돈·이윤·성장이 최상의 가치를 부여받으며, 개인과 사회는 무한 경쟁에 노출하게 된다. 경제지상주의는 균형 잡힌 경제관을 상실함으로써, 모든 가치를 경제 아래 놓고 경제적 이윤이 삶의 궁극적인 목적이 되는 주객전도의 양상을 초래한다.

물론 현대인들은 좋은 세상을 꿈꾸고 행복한 삶을 원하지만, 어떤 방법을 통해서 좋은 세상에 도달할 수 있는가에 대한 해답을 가지고 있지 못하다. 현대화의 초기에는 물질적인 풍요를 이루는 것을 통해서 행복을 얻을 수 있다고 생각했지만 인류가 이룬 물질적인 풍요에 비례하여 행복이 커졌다고 하기는 어렵다. 물질적인 풍요는 행복한 삶을 위한 기초가 될 수는 있지만, 행복의 필요충분조건이 아니라는 점은 분명하다.

오늘날 현대인은 자기 자신 즉, 내면에 대한 관심이 부족하다. 자신이 어떤 존재인지, 자기 내면의 목소리에 귀 기울이는 일에 인색하다.

내면보다는 외면을 가꾸고 보이는 자신을 꾸미는 일에 치중하는 삶을 산다. 최근에 트렌드가 된 소셜 네트워크를 활용한 네트워킹 활동 또한 자신의 삶을 과시하기 위한 도구로 활용하는 경향이 있다. 맛있는 집을 찾아가고 음식을 사진으로 찍어서 사회관계망 서비스(SNS)에 올린다. 이런 모습은 전 세계적인 삶의 트렌드이다. 이러한 현대적인 삶의 양상에 대해서 비판적인 목소리도 있다. 경향신문 2015년 6월 9일자에서는 이러한 사회적 트렌드에 대해서, 이들이 올리는 음식 사진이 바로 자기 삶의 수준과 지위를 과시하려는 하나의 행위로 설명될 수 있다는 점을 비판적으로 보도한 바 있다.

사회관계망 서비스를 통해서 자기 삶을 다른 사람들에게 보여주고 그에 대한 댓글을 기다리고 다른 사람의 평가에 일희일비한다. 사람들이 '좋아요'를 클릭하는 횟수가 커지면 행복을 느끼고, 반응을 보이지 않으면 SNS 우울증을 앓기도 한다. 물론 사회관계망 서비스를 건강한 소통의 장으로 활용하는 개인들이 증가하는 것도 사실이다. 여기서 문제로 삼는 것은 현대인들이 자기 삶에 관심을 기울이고 표현하는 활동에서조차 자신의 욕망 실현에 집착하는 경향이 나타난다는 것이다. 더욱 심각한 문제는 이러한 욕망을 채우기 위한 노력을 마치 참된 자기를 만나는 과정으로, 잘 살고 있다는 지표로 착각하고 그것에 집착하는 것이다.

이와 같이 참된 자기에 대한 관심의 부족으로 내면에 대해서 무관심하고 겉으로 드러나는 모습에만 관심을 가지게 됨으로써, 인간 존재 가치를 이해하지 못하고 자기 자신을 폄하하는 현상이 나타난다. 자신의 존재 가치를 알지 못한다는 것은 다른 사람의 존재 가치를 이해하지 못하는 문제로 직결된다. 그러므로 우리는 누구나 인간 존재에 대한 가치를 인식해야 하며, 자신이 어떤 존재인가에 대한 자각을 위해서 노력해야 한다. 이러한 자각을 통해서 인간 본성을 발견할 수 있다. 이것은 인성교육을 통해서 실현할 수 있을 것이다.

오늘을 사는 현대인이 인성교육에 대해 주목해야 할 이유는 무엇일까? 그것은 현대인이 직면한 문제의 출발점이 자기 존재의 가치를 자각하는 것에 소홀하고, 외적인 성취만을 추구한 것에 있기 때문이다. 현대인이 직면한 삶의 문제에 대한 논의가 안고 있는 문제에 대해, 다음과 같은 세 가지 논점을 제기할 수 있다. 첫째, 현대인은 자기 존재의 가치에 대한 이해가 부족하고, 인간의 존엄성이 어디서 확보될 수 있는지에 대한 질문이 결여된 삶을 살고 있다. 둘째, 지금까지의 인성교육에 대한 논의는 개인적인 영역으로 치부되고, 인성교육의 성과가 개인의 삶을 넘어 사회로 어떻게 확장될 수 있는가에 대한 고민이 결여되어 있다. 셋째, 현대인이 직면한 삶의 문제는 어떤 삶을 추구해야 할 것인지에 대한 근본적인 질문이 결여되어있다.

이러한 현상은 현대사회에 만연해 있다. 이에 대해서 해답을 찾는 방법은 다양할 수 있다. 인격의 완성을 삶의 중요한 목표로 삼아왔던 유교에서 그 해답을 찾는다면, 공자가 주는 답은 매우 명쾌하다. 공자는 인(仁)한 본성을 발견하기 위해서는 일상 속에서 지속적인 수행이 필요하다는 것을 강조하고 있다. 그래서 삶 자체를 구도로서의 삶, 즉 수행이 일상이 되는 삶을 살아야 함을 말한다. 나에서 출발하여 가족과 이웃 그리고 세상으로 확대되는 인(仁)의 실현을 말하고 있다. 이러한 인(仁)을 실현하는 것은 특별한 어떤 존재에 제한되는 특별한 능력이 아니라, 인간이라면 누구나 도달할 수 있는 경지이다. 이를 목표로 삼고 초월적인 자아에 대해 인정하고 자각하면서 지속적으로 노력을 기울인다면 누구나 군자(君子)가 될 수 있음을 공자는 제시하고 있다.

그렇다면, 이러한 참된 자기를 만나기 위한 마음공부는 개인적인 삶의 문제를 해결하는 차원에 머무는 것일까? 군자가 되는 것을 삶의 목표로 삼는 개인이 형성하는 사회가 바로 좋은 세상을 건설하는 것으로 연결되는 점이 바로 유교사상이 인성교육의 사회적 의미를 분명하게 하는 데 기여하는 점이라고 할 수 있다. 이것은 유교사상의 핵심 이념인 수신제가치국평천하(修身齊家治國平天下)를 통해서 잘 드러난다. 나 자신을 인간적인 존재로 질적인 변화를 이루고자 하는 수신(修身)은 자기 속에 얽혀 있는 문제를 풀어나가는 것에 머물지 않는다. 수신이란 우리가 인(仁)한 본성을 발현하는 행복한 존재, 즉 사랑의 존재가 되는 것을 의미한다. 나아가서 자기가 속한 공동체와 세상을 좋은 세상으로 만드는 것으로 그 의미가 확산된다.

현대사회를 지배하고 있는 인간관은 분리·독립된 개체로 인식하고, 사회를 분리·독립된 개체인 인간의 합으로 인식하고 있다. 이러한 관점에 의하면, 인간은 끊임없이 자신의 욕망을 채우기 위해서 타자와 경쟁하고 갈등하는 존재이다. 인간 존재는 자신의 욕망을 추구하는 욕망의 노예로 전락한다. 그러나 이러한 관점은 인간관의 유일한 관점이 아니라, 인간을 바라보는 하나의 관점에 불과하다. 현대적인 관점을 넘어서고 새로운 관점으로 인간을 인식하여 공동체적 비전을 모색할 필요가 있다.

3) 인성교육으로 찾는 공동체의 비전

최근 인성교육의 필요성이 대두되면서, 우리나라에서는 2015년 인성교육진흥법이 공표, 시행되었다. 인성교육이 최근에 갑자기 새로 등장한 개념은 아니지만, 최근 교육여론조사 결과를 보면 가정은 물론 학교에서 인성교육에 대한 적극적인 노력이 필요한 듯하다.

'2014년 교육여론조사'에 따르면 "현재 우리나라 초중고 학생들의 인성·도덕성 수준은 어느 정도라고 생각하십니까?"라는 질문에 '낮다'로 응답한 사람이 42.2%, '매우 낮다'로 응답한 사람은 19.1%로 약 60%정도의 응답자가 우리나라 학생들의 인성과 도덕성 수준이 낮은 것으로 평가하고 있었다. 또한, 초중고등학교에서 현재보다 더 중시해야 할 교육 내용이 무엇인지에 대해서 질문한 결과 초등학교에서는 인성교육(61.0%)을 가장 높은 비율로 응답하였다(김정민 외 2014:45). 이를 통해, 현재 우리나라 국민들은 학생들의 인성 수준이 낮으며, 이에 대해 학교와 가정에서 인성교육을 보다 적극적으로 실시해야 한다고 보고 있음을 알 수 있다.

인성교육이 무엇인가에 대한 정의에 따라서, 인성교육의 내용과 목표에 차이가 있고 인성교육을 담당할 학문분야가 달라진다. 이에 대해서는 이미 선행연구에서 다양한 관점이 제시되었고(김보경, 2015: 46), 활발한 논의가 전개되고 있다.

여기서는 인성교육이 무엇인가를 주된 논점으로 삼고 있지 않기 때문에, 이에 대해서 자세히 다루지 않을 것이다. 인성교육진흥법의 제2조(정의)에서 인성교육이란 "자신의 내면을 바르고 건전하게 가꾸고, 타인·공동체·자연과 더불어 살아가는 데 필요한 인간다운 성품과 역량을 기르는 것을 목적으로 하는 교육(김동일, 2015: 3)"이라고 정의하고 있다. 다만 인성교육에 대한 개념 정의를 제시하는 것이 논지를 이해하는 데에 도움이 될 것이므로 여기서 간단히 밝히고자 한다.

인성교육의 범주에 포함시킬 수 있는 내용의 스펙트럼은 매우 넓다. 여기서는 자기성찰에 주목하고, 자기성찰을 통해서 자기의 내면에 관심을 기울이고 진정한 자기를 만나는 것을 목표로 하는 것을 인성교육의 핵심내용으로 다루고자 한다(이현지·박수호, 2014: 177). 이러한 관점은 인간 존재에 대한 긍정과 신뢰를 바탕으로 인간의 본성 발현을 교육의 목표로 삼던 유교교육과 그 맥락을 같이한다(정재걸·이현지, 2014: 421).

한국사회에서는 인성교육이 뜨거운 감자이다. 교육부는 인성교육진흥법에 의거하여, 인성교육 5개년 종합계획을 수립하고 의견을 수렴했다. 미래 인재 육성에서 가장 중요한 과제가 인성교육이라고 천명할 만큼 인성교육에 대한 의미를 부여하고 있다. 반면 인성교육이 오늘날 교육의 핵심적인 주요 키워드로 떠오르면서, 인성교육마저 사교육 시장으로 포섭되는 것은 아닐지(중앙일보, 2015년 6월 10일자), 인성교육이 파행적으로 운영되지는 않을지에 대한 우려가 제기되고 있다.

이러한 문제의식이 현실이 되지 않도록 하기 위해서는 인성교육 담당자의 문제에 대한 철저한 인식과 해결을 위한 노력이 수반되어야 한다. 인성교육이 진정한 교육성과를 거두기 위해서는 몇 가지 전제되어야 할 조건이 있다.

첫째, 인성교육은 단기적인 프로그램 운영이나 일회적인 경험으로 성과를 거두는 데는 한계가 있다는 점을 분명하게 인식해야 한다. 즉, 인성교육은 인생의 특정 시기를 대상으로 하는 교육이 아니라, 평생교육의 의미를 내포하고 있다. 우리는 누구나 일생 동안 자신의 참된 인간본성을 발현하고 진정한 자기를 만나기 위한 노력을 기울여야 한다. 동양의 전통사회에서는 이러한 일생 동안 지속되는 자기 수행의 가치를 강조하는 문화가 다양하게 남아 있다(이현지, 2015: 138).

둘째, 인성교육의 목표에서 가장 강조되어야 할 것은 인간교육이라는 점이다. 오늘날 교육의 폐해는 양적인 평가와 성과에 초점을 맞춤으로써 심화되고 있다. 인성지수를 통해서 인성을 계량화하여 측정하고, 인성교육의 시수를 중심으로 인성교육을 평가하고 경쟁을 부추기는 과정에서 인성교육은 본래의 사명을 다하지 못하게 될 가능성이 크다. 반면 인간교육이란 평가와 성과지표로 측정할 수 있는 것이 아니다.

셋째, 인성교육은 희망교육이라는 점을 인식해야 한다. 인성교육은 인성에 문제가 있는 피교육자를 대상으로 하는 것이라는 관점은 근본적으로 한계를 가지고 있다. 인성교육은 본래 인간이 가지고 있는 참된 인간본성을 발현하도록 돕는 교육이라는 점, 인간에 대한 무한 신뢰와 희망을 전제로 하고 있다는 점을 인식해야 한다.

2015년 서울시청에 설치된 마음약방 자판기가 이슈가 되었다. 마음약방 자판기에서는 '미래 막막증', '꿈 소멸증', '노화자각증상', '현실도피증', '사람멀미증' 등 21가지 마음증상에 대해서 휴식과 감동을 주는 시, 그림, 영화, 책 등을 추천해주는 처방 키트를 제공하고 있다고 한다. 서울시청에 있는 1호점의 이용자가 10개월 만에 2만 5천 명을 넘었고, 대학로에 설치된 2호점은 '용기부전', '스펙티쉬 강박증' 등 마음증상을 21가지로 분류하고 99종의 처방전으로 운영되기 시작했다(글로벌이코노믹. 2015년 12월 18일자).

이 기사는 현대인이 직면하고 있는 마음의 문제가 개인적인 문제를 넘어서, 사회적으로 함께 고민하고 풀어야 할 과제라는 것을 잘 보여주고 있다. 한국사회의 구성원이라면 누구나 어느 정도는 마음이 지치고 피곤했던 경험이 있을 것이다. 한국인의 삶의 만족도는 100점 만점에 58점으로 경제협력개발기구(OECD) 34개국 중 27위로 하위권이다. 경제적 행복도는 44.6점으로 삶의 만족도보다 낮은 점수를 보이고 있다(헤럴드경제뉴스. 2016년 2월 6일자). 이러한 결과는 한국사회가 직면한 사회구조적인 불평등과 고용과 노후불안 등이 반영된 것이다.

이상의 구조적인 요인으로 인한 불안과 불행을 해소하기 위한 사회제도적·정책적인 개선이 요구한다. 동시에 이러한 구조적인 조건을 변화시키는 것과 함께 삶의 질을 변화시키기 위한 개인의 노력도 간과

할 수 없을 것이다. 현대사회를 살아가는 개인이 온전한 자신의 삶을 살아가기 위해서 어떻게 해야 할 것인가에 대한 질문에서 출발한다.

최근 인성교육에 대한 논의가 활발하게 진행되고 있다. 인성교육의 역사와 전통은 오래되었지만, 현대사회 초기에는 인성교육에 대한 사회적 관심이 약화되었다가 현대의 말기라고 칭해지는 오늘날 새롭게 관심이 증폭되고 있다. 그 이유는 바로 현대가 직면한 인간소외와 인성파괴의 문제로 인한 해답을 인성교육에서 찾을 수 있기 때문이다. 인성교육은 다양한 학문영역과 사상적 전통 속에서 발전했다. 여기서는 인성교육의 전통과 각 학문별 논점을 다루지 않을 것이다. 인성교육이 현대적 삶을 극복하고 탈현대적 삶을 위해서 어떤 의미를 가질 것인지에 대한 논의는 인성교육이 어떻게 탈현대적 삶에 기여할 수 있을 것인지의 문제와 직결된다.

인성교육이란 내 안에 있는 '참 나'를 자각하고 깨어나도록 노력하는 것이다. 우리에게는 누구나 인간으로서 본성이 내재해 있고, 우리가 노력해야 할 것은 바로 자기 안에 있는 본성을 발견하는 것이다. 이러한 본성의 발현은 우주적인 나에 대한 자각으로 사랑의 존재로서의 나를 인식하는 것으로 나타난다(홍승표, 2015: 190). 이러한 인성교육이 교육의 주된 골자가 되는 마음교육이 바로 탈현대교육이며, 이를 통해서 개인은 분리된 개인으로부터 우주적인 존재로서의 나를 인식할 수 있게 된다(이현지·정재걸·홍승표, 2013: 191).

20세기의 대표적인 경제학자인 케인스(John Maynard Keynes)는 1930년에 100년 후를 예측하면서, 인류는 절박한 경제적 문제에서 벗어나서 노동과 가난에서 자유로워질 것이라고 예측했다. 생존의 문제에서 벗어난 인류가 여가를 어떻게 보낼 것인지, 어떻게 즐겁게 살 것인지를 고심할 것이라고 했다. 그 시대에는 삶을 위한 예술과 초월성 탐구에 보다 집중하게 될 것이라고 전망했다(제러미 리프킨, 2014: 17-18).

현대사회가 케인스의 예측에 완전히 부합하지는 않다고 하더라도 그가 예측했던 물질적인 풍요는 어느 정도 이루었다는 점을 부정할 수는 없을 것이다. 더욱 흥미로운 점은 케인스가 말했듯이, 물질적인 안정을 이룬 사회에서 인류가 무엇에 관심을 기울여야 하는가의 문제이다. 케인스는 '삶을 위한 예술과 초월성 탐구'를 말했다. 오늘날 인성교육에 대한 논의를 활발하게 전개하는 것도 케인스의 예측에서 크게 벗어나지는 않는다고 할 수 있다.

인성교육은 나의 본성이 나로부터 잠깨어 일어나는 것이다(아디야 샨티, 2015: 18). 인성교육의 요지는 인성교육을 함으로써 인간 본성을 발현하여 행복에 도달할 수 있다는 것이다. 본성을 발현한다는 것은 내 안에 있는 본성을 자각하는 것이며, 그것은 자신의 삶을 거부하지 않음으로써 얻을 수 있는 것이다. 본성의 발현은 자기의 삶을 온전히 그대로 인정하고 부정하지 않으며 그대로 경험함으로써 가능하다.

인성교육을 통해서, 행복은 결코 자신의 마음과 별도로 존재할 수 있는 것이 아니라는 사실과 자기 마음의 문제를 해결하지 않고서는 결코 행복할 수 없다는 것을 알 수 있다. 인성교육은 현대적인 삶에 갇혀서 간과할 수 있는 문제에 대한 해답을 분명하게 제시하고 있다. 그러므로 인성교육은 미래 삶의 대안이 될 것이다. 왜 인성교육이 미래적인 삶의 비전이 될 수 있을까?

첫째, 인성교육의 근본 목표는 본성 발현 이외에 그 무엇도 될 수 없으며, 되어서도 안 된다. 인성교육은 그 자체가 목표가 될 수는 있지만, 인성교육을 통해서 어떤 성과를 추구하고 내가 아닌 다른 무엇이 되기를 추구한다면 그 의미를 상실하게 된다. 반면, 현대적인 삶에서는 인성교육마저도 현재의 자기 자신의 모습을 부정하고 부족한 나 자신을 완전한 어떤 사람으로 바꾸는 방법으로 생각하기도 한다.

그러나 내가 아닌 다른 사람이 되려는 노력을 기울이면 기울일수록 인성교육의 본래의 목표에서 벗어난다는 것을 인성교육은 시사하고 있다. 인간본성이란 노력과 변화를 통해서 이루는 무엇이 아니기 때문이다. 자기 안에 본성이 잠재해 있다는 것을 자각하고 그것이 깨어나도록 하는 것이다.

둘째, 인성교육은 에고로부터의 자유를 얻도록 한다. 현대적인 가치관은 삶에서 에고를 확장하고 잘 다듬는 것에 치중하고 있다. 자기의 내면보다는 외적인 모습을 잘 가꾸는 것에 관심을 기울인다. 심지어 현대적 가치관에서 시도되는 인성교육은 현대적인 삶을 더 잘 살기 위한 도구로 전락할 수 있는 위험성을 안고 있다. 인성교육을 현대 경쟁사회에서의 경쟁력이나 집중력을 기르는 등의 현대적인 가치를 추구하는 수단으로 활용하고자 하기도 한다. 그러나 진정한 인성교육이란 현대적인 삶에서 키우고자 했던 에고를 깨부수는 것을 목표로 하고, 에고로부터 자유로워지는 것이다. 그러한 의미에서 인성교육은 현대적인 삶의 한계를 넘어서 탈현대적인 삶의 대안으로서의 함의를 가지고 있다.

셋째, 인성교육은 지금 여기를 온전히 사는 것에 대한 지혜를 말하고 있다. 현대사회에서 잘 사는 것에 대한 관심이 지금 현재가 아니라, 미래의 삶에 초점이 맞추어져 있는 경향이 있다. 미래의 안위와 행복을 위해서 지금을 희생하고 극복해야 할 것으로 치부한다. 그러나 인간이 살 수 있는 것은 지금 현재 밖에 없다. 인간은 과거와 미래를 살 수는 없기 때문이다. 인성교육은 지금 여기를 삶으로써 자기 자신을 진정으로 만날 수 있고, 나의 생각이나 감정 그리고 성공 등의 작은 나에서 벗어나 본성을 회복하는 큰 나로서의 삶을 살도록 한다.

인성교육은 현대사회를 지배하고 있는 현대적 인간관과 세계관의 한계를 넘어서, 공동체적 대안을 모색할 수 있는 신뢰, 소통, 협력하는 인간형을 전제로 한다. 이와 같은 인간 존재는 오늘날의 사회구조 변화에 의해서 선택이 아니라 이미 필연적으로 추구해야 할 목표로 제시되고 있다. 이러한 양상에 대해서, 리프킨은 『한계비용 제로사회(2014: 7)』에서 구체적인 변화의 징조와 비전을 다루고 있다. 작금의 사회를 그는 "자본주의 시장과 협력적 공유사회가 뒤섞인 하이브리드 경제의 출현"이라고 명명했다.

매우 모순된 사회적 성향이지만, 우리가 살고 있는 지구촌은 이미 두 시스템이 시너지를 일으키면서 이익을 얻기도 하고 대립하기도 한다는 것이다. 리프킨은 치열한 경쟁이 전제가 되는 자본주의 시장이 과열된 경쟁으로 파국에 치닫지 않는 이유가 바로 재화나 서비스를 한 단위 더 생산하는 데 추가되는 비용이 거의 제로수준에 다가가는 생산성의 변화에 의한 것이라고 한다. 이로 인해서 생산자들이 자신의 생산물을 공유하고 협력하고자 하는 사회가 도래했다는 것이다(리프킨, 2014: 12).

2. 현대사회가 요구하는 인재

지속가능한 사회를 만들기 위한 가장 중요한 것은 사회적 통합이다. 사회적 통합은 사회구성원 간의 신뢰, 소통, 협력을 바탕으로 한다. 신뢰, 소통, 협력은 사회적 자본의 핵심 구성 요소이기도 하다. 현대사회가 요구하는 인재상은 신뢰, 소통, 협력의 역량을 갖춘 인재라고 할 수 있으며, 각 사회도 이러한 요소들이 충족되어지는 사회를 건설하기 위한 노력을 기울이고 있다. OECD에서는 회원국 34개국을 대상으로 사회통합 수준을 0부터 10까지 표준화된 점수로 조사하여 발표했다. 그 결과는 〈그림〉 2015년 사회통합지표와 같다.

〈그림〉 2015년 사회통합지표

(단위 : 점)

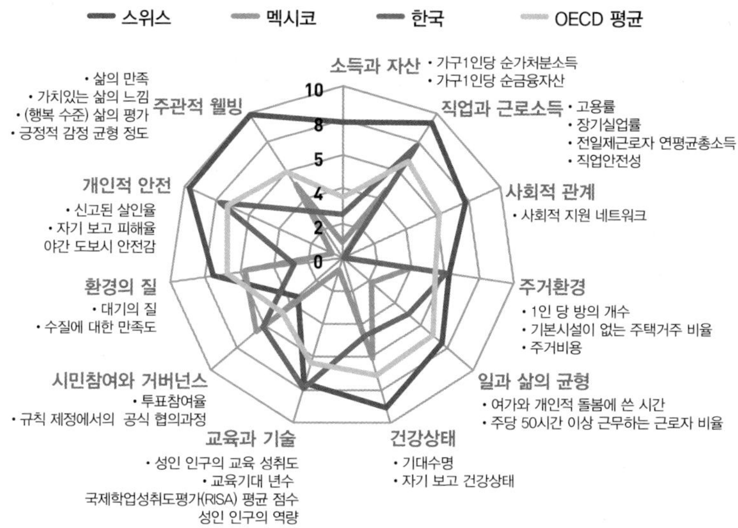

* 인용: 이만우(2016). 「지표로 보는 이슈」. 국회입법처.

* OECD(2015)의 「How's Life?」와 「Measuring Well-Being」에서 주용 내용을 저자가 재구성한 것을 재인용함.

조사결과에 의하면, 34개국 가운데 스위스가 7.8로 최상위, 멕시코가 3.4로 최하위, 한국은 5.0으로 OECD 평균인 6.0보다 약간 낮은 중간 수준이었다. 사회통합지표는 11개 영역과 그에 따른 세부 하위 지표들로 구성되며, 각 영역별로 국가 간 비교가 가능하도록 표준화된 점수(0부터 10까지)가 부과된다. 아래 그림에서 OECD 34개국 중 최상위 국가로 스위스, 최하위 국가로 멕시코, 그리고 한국과 OECD 평균을 제시하고 있다. 사회통합지표가 낮은 사회는 살기가 힘든 사회를 말하는 것이며, 공동체가 파괴되고 있는 사회를 말한다. 그런 의미에서 개인주의가 발달한 서구사회가 사회통합지표가 더 높고, 가족 및 집단을 중심으로 하는 삶의 경향이 강조되어온 전통을 가진 우리나라가 낮다는 점은 인상적인 조사결과이다.

특히, 한국사회는 사회통합지표 가운데 사회적 관계에서 0.2로 나타나 사회통합지표의 다른 영역들과 비교할 때 가장 낮은 결과를 보였다. 이 결과는 한국사회가 경제적인 발전에도 불구하고 공동체를 유지하고 사회의식을 확산하는 등의 노력은 부족하다는 것을 보여준다.

〈2015년 사회적 통합지표에 대한 분석〉

* 스위스(7.8)는 노르웨이(8.0), 덴마크(7.9), 스웨덴(7.7) 등 북유럽국가와 함께 사회통합지표 수준이 최상위 국가군으로 분류됨
- 영역별로는 삶의 만족(9.9), 일자리(9.4), 건강(9.1) 분야에서 매우 높은 수준이고, 자산(7.9), 교육(7.6), 일과 삶의 균형(7.6)순임
* 멕시코(3.4)는 칠레(4.5), 터키(3.8)와 함께 사회통합지표 수준에서 최하위 국가군에 속함
- 특히, 교육(0.7), 개인적 안전(0.7), 자산(0.8) 영역이 매우 낮은 수준임
* 한국(5.0)은 영역별로 차이가 있으나 OECD 평균(6.0)보다 약간 낮아 중간 수준 국가로 분류됨
- 교육(8.0), 일자리(7.7), 개인적 안전(7.6)이 높고, 상대적으로 일과 삶의 균형(5.0), 삶의 만족(3.3)이 낮으며, 특히, 사회적 관계(0.2)는 여타 영역들에 비해 가장 낮음

* 인용: 이만우(2016). 「지표로 보는 이슈」. 국회입법처.

OECD가 사회통합지표에 관심을 기울이는 것은 인류가 맞이할 미래사회의 사회구조적 성격의 변화와 지속가능한 사회건설을 위한 핵심적인 요소이기 때문이다. 앞으로 인류는 현재와 매우 다른 직업시장과 삶의 현실에 직면하게 될 것이다. 이러한 변화의 흐름 속에서 다음 세대가 어떤 준비를 하는 것이 미래사회에 적응하기 위한 도움이 될 것인지는 현대를 살고 있는 인류에게 중요한 과제이다.

이러한 과제에 대처하기 위한 각국의 노력은 급진적으로 추진되고 있다. 핀란드에서는 지금까지 수행해온 전통적인 수업과정을 2020년까지 소통, 창의성, 비판적 사고, 협업을 강조하는 내용으로 혁신할 것이라고 한다(박영숙·제롬 글렌, 2016: 147). '초연결사회'로 지칭되는 현재의 사회구조에서 소통, 창의성, 비판적 사고, 협업은 가장 기본적인 소양이기 때문일 것이다. 다음에서는 사회적 통합의 구성 요소인 신뢰, 소통, 협력에 대해서 자세히 살펴보도록 하자.

1) 신뢰하는 인간

1-1) 사회적 자본으로서 신뢰

오늘날 근대화와 산업화 과정에서 경제적 발전과 물질적 가치를 중시하면서 타인은 더 이상 협력할 대상이 아니라 경쟁해야 할 대상이 되고 있다. 이러한 경쟁 사회에서 타인에 대한 신뢰는 어리석은 생각으로 비친다. 이제는 친구조차도 믿지 못하고, 동료도 믿지 못할 대상으로 전락한 지도 오래되었다. 그러나 어떠한 사회도 구성원 간의 신뢰 없이는 지탱될 수 없다. 승객이 기사를 믿지 못하면 대중교통을 이용하지 못하고, 피해자가 경찰을 믿지 못하면 부당한 일을 당해도 호소하지 못하며, 학생이 선생을 믿지 못하면 교육이 이루어질 수 없다.

이와 같이 사회구성원 간에 불신감이 팽배하면 사회 자체가 존립하기 어렵다. 최근 사회학과 경제학에서는 조직 구성원 간의 신뢰가 경제적 발전에 중요한 요인으로 제기되고 있고, 정치권에서도 한국이 선진국으로 진입하기 위해서 무엇보다 사회 구성원 간의 신뢰가 중요하다는 의견이 제기되고 있다(권상우, 2014: 2).

사회적 자본은 삶의 질을 결정하는 데 중요한 변수로 작용한다. 이미 학계에서는 사회적 자본과 삶의 질의 관계에 대한 상관성 연구는 의미있는 주제로 다루어지고 있다. 기존연구들은 다양한 실증적인 연구를 통해서, 만족스러운 삶, 높은 수준의 삶의 질이 사회적 자본의 영향으로 인해 가능해졌다는 것을 연구결과로 밝히고 있다. 사회구성원이 자기가 속한 사회를 신뢰하고 더 좋은 세상을 만들어가는 데 관심을 기울인다면, 그 사회는 발전하지 않을 수 없을 것이다.

이정규는 그의 연구에서 삶의 질을 높이기 위해서, 보다 발전한 사회를 만들기 위한 주체는 시민의 참여를 확대하고 시민성 교육이 바탕이 되어야 한다는 것을 주장하고 있다. 그리고 "공적 신뢰의 제고를 위해 투명한 정부의 운영과 시민사회단체와의 파트너십 제고를 강력하게 추진하여야 한다. 일반적으로 서구사회의 발전은 공적 신뢰가 사적 신뢰를 대체해 가는 과정이자 동시에 폐쇄적인 사적 네트워크가 와해되는 과정으로 평가된다. 사적 신뢰가 공적 신뢰로 이행되어야 만이 진정한 사회발전이 이루어질 것(이정규, 2009: 5)."을 말하고 있다.

1-2) 신뢰의 부재와 사회문제

신뢰가 파괴된 관계는 어떤 생산적인 효과도 거둘 수가 없다. 신뢰는 개인의 도덕성의 문제만이 아니라 사회적 안정과 경제적 발전의 중요한 요인으로 작용한다. 어떤 사회에서 신뢰가 어느 정도 형성되어있는지의 문제는 그 사회가 인간적으로 살아갈 수 있는 안정적인 토대를 어느 정도 확보하고 있느냐와 직결되어 있다. 따라서 사회적 안정과 경제적 발전을 이룬 국가일수록 관계의 신뢰는 높다.

신뢰의 부재는 사회적 불안, 비인간화, 과다한 경쟁, 불신, 갈등 등 사회문제를 야기한다. 신뢰가 파괴된 사회는 모든 사안에 있어서 합의를 도출하기 어렵고, 합의점에 도달하는 과정에서 막대한 비용을 지불할 수밖에 없다. 그런 의미에서 신뢰있는 사회를 만드는 것이 중요한 사회발전의 지표가 되고, 만들어진 신뢰를 지키기 위한 개인적, 사회적 노력이 요구된다.

다음 그림은 OECD 주요국의 사회적 관계를 보여주고 있다. 사회적 관계(Social Connections/Community)는 사회적 지원 네트워크(Perceived Social network support)를 세부 하위지표로 하고 있다. 사회적 지원 네트워크는 "만약 당신이 곤경에 처했다면, 당신이 도움받기를 원할 때 의존할 가족이나 친구가 있습니까?"라는 조사 질문에 긍정적인 답을 한 사람의 비중을 말한다. 이러한 사회적 관계는 사회적 신뢰가 높은 사회일수록 높은 점수를 보일 것이다.

〈그림〉 2015 OECD 주요국 사회적 관계 수준

(단위 : %)

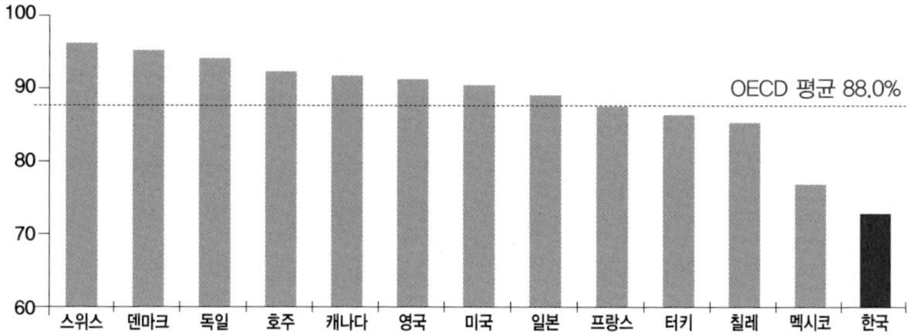

OECD 주요국의 사회적 지원 네트워크

(단위 : %)

스위스	덴마크	독일	호주	캐나다	영국	미국	일본	프랑스	터키	칠레	멕시코	한국
95.8	95.0	93.6	92.0	91.5	91.0	90.0	88.5	87.3	86.1	85.0	76.7	72.4

* 인용: 이만우(2016). 「지표로 보는 이슈」. 국회입법처.

〈2015 OECD 주요국 사회적 관계 수준 분석〉

* 사회적 지원 네트워크는 스위스, 덴마크, 독일 등 유럽 지역에서 대체로 높고, 영국과 미국 및 일본도 OECD 평균(88.0%) 이상으로 조사됨
- 한국의 경우 칠레, 멕시코 등 중남미 지역보다도 낮은 72.4%로 OECD 국가들 중 가장 낮은 것으로 나타남
* 사회적 지원 네트워크는 가족 및 주위 사람들에 대한 신뢰를 넘어 규범과 가치를 실현하는 대인관계의 (재)구성에도 긍·부정적 파급 효과를 유도함
- 사회적 지원 네트워크의 광범위하고 심층적인 구축은 개인적 차원에서 고용 가능성을 제고할 뿐만 아니라 건강 수명을 연장하며, 사회적 차원에서는 공유된 가치 실현, 사회보장 요구, 민주적 정치 참여 등 다양한 공동체적 연대를 형성할 수 있음
* 따라서 사회적 지원 네트워크의 인지적 수준을 파악하고 그것이 야기하는 사회문제를 드러낼 필요가 있음

* 인용: 이만우(2016). 「지표로 보는 이슈」. 국회입법처.

최근 한국사회에서도 상호 간의 신뢰성을 증진시키기 위해 제도적 장치의 개발과 효율적 운영이 중시되고 있다. 당사자가 상대방을 믿지 못하고 상대방 또한 당사자를 믿을 수 없을 때, 제 3자가 개입하

여 양자 간의 거래와 합의를 보증해 주어야 한다. 이러한 제3자의 기능은 일반적으로 국가의 몫이다. 그러나 국가가 법제도를 통해 강압적으로 신뢰 있는 사회를 만들고자 하지만, 현실적으로 여러 문제를 초래하고 있다.

우선, 법을 제정하고 집행하는 사람들을 어떻게 믿을 수 있는가? 즉 법을 집행하는 공무원과 고위 간부를 믿지 못한다면, 특정 제도의 시행 자체가 어렵게 될 수밖에 없다. 그리고 신뢰 구현을 위해 제도를 마련하더라도 막대한 비용이 지출될 수밖에 없다. 그리고 사회의 신뢰도를 제도를 통해 증가시키고자 한다면, 사회구성원의 도덕성은 더욱 약화될 수도 있다. 그래서 사회적 신뢰는 사회 제도를 마련하는 것도 중요하지만 개인의 도덕성에 근거할 때 더욱 안정적인 사회를 건설할 수 있다(권상우, 2014: 2).

1-3) 신뢰의 기술

사회구성원의 상호작용관계에 초점을 맞추고 있는 사회학자 짐멜은 대인 상호작용에 의한 인간적인 신뢰가 가장 순수한 신뢰라고 말한다. 그는 대면적인 상호작용과 교환의 과정에서 신뢰가 형성되고, 의무와 호혜성을 갖춘 신뢰는 사회관계의 핵심적인 요소가 된다고 한다. 이러한 신뢰에 의해서 사회구성원들은 상대방의 희생이 없이도 공동생활을 영위할 수 있는 것이다.

18세기 영국철학자 흄이 제시한 단순한 우화가 합리적인 공익정신을 혼란시키는 기본적 딜레마를 잘 보여주고 있다.

당신의 옥수수가 오늘 익고 나의 옥수수가 내일 익는다. 우리 둘의 이익을 위해서는 오늘 내가 당신과 함께 추수하고, 내일은 당신이 나를 도우면 될 것이다. 내가 당신을 위해 친절을 발휘할 아무런 이유가 없고, 당신 또한 나를 위해 그럴 이유가 없다. 나는 당신의 수지타산에 아무런 신경을 쓰지 않을 것이다. 내가 당신이 노동으로 갚을 것이라는 기대를 가지고 오늘 당신을 돕는다면, 반드시 나는 내일 당신에 대해 실망하게 될 것이고, 당신의 친절함에 의존해야 하는 허망한 경험을 하게 될 것이다. 그 결과 나는 당신이 혼자 추수하도록 내버려 둘 것이고, 당신도 나와 똑같은 방식으로 행동할 것이다. 계절이 바뀌고, 상호 신뢰와 믿음의 부족으로 인해 우리 둘 모두 수확의 상당 부분을 잃어버리게 될 것이다.

위의 상황은 모든 당사자가 서로 협력할 수 있다면, 보다 낳은 결과를 가져올 것이라는 점을 보여주고 있다. 하지만 상호신뢰가 부족한 상황에서는 개인은 배신하고 무임승차하려는 유인체계를 가지게 된다. 어떠한 당사자도 다른 사람에게 해를 끼치고자 하지 않더라도, 그리고 양 당사자가 모두 조건부로 협력할 - 당신이 하면 나도 하겠다-는 생각이 있다고 하더라도, 증명될 수 있고, 강제할 수 있는 약속이 없는 경우에는 상대방이 배반하지 않을 것이라는 보장을 믿을 수 없게 된다.

더 나쁜 상황은 각자가 상대방도 똑같은 제약조건에 처해 있음을 알고 있다는 사실로부터 발생한다. 협력적인 행동을 하기 전에 자신이 상대방을 신뢰하는 것만이 중요한 것이 아니라, 자신이 상대방에 의해 신뢰받고 있다고 믿는 것 또한 중요하다. 이러한 상황에서, 각자는 협력이 비합리적인 선택이라는 것을 알게 되고, 모든 구성원은 아무도 원하지 않았던 결과물을 감수해야 한다.

흄의 농부에 있어서 주된 문제는 배반에 대한 신뢰할 만한 처벌이 없다는 사실이다. 배신에의 유혹이 달콤한 상황에서 상대방이 약속을 지킬 것이라고 어떻게 개인이 믿을 수 있는가의 문제이다. 만약 성인들만이 사는 세상을 상정한다면, 이러한 문제는 발생하지 않을 것이다. 하지만 이러한 보편적인 이타주의와 같은 가정에 기초하여 사회적 행동과 사회이론을 구축할 수 없는 것이다. 만약 행위자들이 서로에게 신뢰할 만한 약속을 할 수 없다면, 우리는 후회스럽겠지만 가장 합리적인 방식으로 상호이익을 추구할 수 있는 기회를 잃어버리게 될 것이다.

영국의 철학자 흄의 사회의 구성원이 극도로 자신만의 이익을 추구할 때, 그러한 행동이 합리적인 선택처럼 보일지라도 실제로는 모두의 이익을 저버린다는 것을 설명하고 있다. 분명한 것은 사람들이 서로에 대하여 갖는 일반적인 신뢰가 없다면, 사회전체가 와해되고 말 것이다. 왜냐하면, 타인에 대한 확실한 지식에 전적으로 의존하는 관계란 거의 없으며 만일 합리적인 증거나 자신이 직접 관찰한 것에도 불구하고 그보다도 신뢰가 강하지 않으면 관계는 파괴될 것이기 때문이다.

2) 소통하는 인간

2-1) 사회적 자본으로서 소통

소통은 공존과 갈등을 푸는 열쇠이며, 민주주의를 실현하는 도구이다. 인간은 누구나 사회적 관계 속에서 살고 있다. 사회적 동물인 인간은 소통을 통해서, 자기 존재의 의미를 찾고 타인과의 평화로운 공존을 모색한다. 소통은 자신을 아는 것에서부터 출발한다. 스스로 자신의 인간 본성을 자각함으로써, 상대의 인간 존재로서의 의미도 인정하고, 궁극에는 상호 존중을 바탕으로 하는 이해와 배려가 실현된다.

소통은 인간관계에서 발생하는 갈등과 대립을 해소하는 가장 지혜로운 방법이다. 인간사회에서는 서로의 이해관계가 충돌하고 갈등하는 상황이 빈번하게 발생한다. 이러한 상황에서 갈등이 발생하는 것은 불가피하다. 누구나 갈등을 피할 수는 없지만 갈등에 어떻게 대처할 것인가는 선택할 수 있다. 이때 핵심이 되는 것은 갈등의 당사자와 얼마나 소통하느냐의 문제이다.

동일한 보상이나 결과가 주어지는 일이라도 자신에 대한 태도가 어떠하냐에 따라서 우리는 상대에 대해 다른 입장을 가지게 된다. 공권력에 의존하여 사회적 약자의 입장을 묵살할 때, 다수의 대중은 공권력이 휘두르는 폭력적인 의사결정에 상처를 입는다. 이것은 공권력이 권력에 의존하거나 법적인 정당성을 근거로 대중의 의사를 수용하고 그들과 소통하는 데 실패함으로써 사회적 합의에 실패하는 결과로 드러난다.

대중들의 분노는 공권력과 권력 집단의 소통 방법에서 증폭되는 경향이 있다. 사회적 약자의 입장에 대한 배려나 존중이 배제되는 과정에서 갈등은 심화될 수밖에 없다. 인간은 자신에게 주어지는 보상이나 이득보다는 자신이 당한 부당한 문제를 해결하고자 하는 상대의 자세에 더 민감하게 반응한다. 이해관계가 대립되는 당사자가 문제에 대해서 이 문제를 해결해야 하고, 문제를 해결할 수 있다는 공감대를 형성하고 대화와 타협을 위해 노력한다면 어떤 어려운 문제도 해결하지 못할 것이 없다.

소통은 민주주의를 실현하는 가장 좋은 도구이며, 민주주의 실현의 기본적인 바탕이다. 민주주의사회에서 소통이 원활하지 못하면, 민주주의는 결국 정치에 관심을 가지는 소수의 엘리트에 의해서 정치적인 주요 사안이 결정되는 엘리트주의를 초래한다. 대중이 정치에 무관심하다는 것은 그 사회의 민주주의의 수준을 가늠하는 지표가 되며, 정치적 비전을 결정짓는 잣대가 된다.

동서양을 불문하고 존경받는 정치인은 국민들과 소통하는 일을 게을리 하지 않는다는 공통점이 있다. 유교사회에서 가장 칭송받는 순임금은 백성의 소리에 귀 기울이는 경청의 정치로 높이 평가받고 있다(이승환, 2011: 187). 순임금은 자신에 대한 평가가 긍정적이든 부정적이든 관계없이 예를 갖추어 읍(揖)을 하고 감사를 표했다고 한다. 최근 미국사회의 의료개혁문제를 한 단계 진보시킨 오바마 대통령도 소통을 통해서 사회적 발전을 도모하는 리더십을 보여주었다. 미국사회의 100년 숙원이었던 의료개혁안 통과는 바로 오바마 대통령의 일대일 설득이 실효를 거둔 것이라고 평가받고 있다.

2-2) 소통의 부재와 사회문제

소통이 부재한 사회에는 다양한 사회문제가 발생한다. 한국사회의 불통은 심각한 사회갈등으로 드러나고 있다. 현대 자본주의사회에서 이해관계의 대립과 갈등은 자연스러운 결과물처럼 보이기도 한다. 더 많은 이익을 창출하기 위한 사회구조 하에서 이해관계의 대립과 갈등의 발생보다 더 심각한 문제는 발생한 대립과 갈등을 해소하지 못하는 것이다. 특히 한국사회는 소통의 부재라는 불명예스러운 수식어가 자주 붙는다.

한국사회에서 정치에 대한 불신은 심각한 사회문제로 드러나고 있다. 특히 젊은이들은 정치에 무관심하고 더 좋은 세상을 만드는 일에 대한 자신의 책무를 망각하고 있는 경향이 있다. 그러나 이런 현상을 젊은이들의 소양의 문제로만 보기는 힘들다. 지금까지 한국 정치는 정치인에 의한 정권을 잡기 위한 것처럼 치부되었고, 기득권을 가진 정치인들은 자신의 권력을 유지하는 데에만 급급해 왔다. 그 결과 정치는 국민들과의 소통에 실패했고, 국민들은 점점 정치에 대해 무관심해져 갔다. 소통의 실패는 정치에 대한 불신으로 드러나고 있는 실정이다.

한국사회에서 의료분쟁이 발생하면 환자 측이 승소하는 것은 매우 어렵다는 통설이 있다. 가장 큰 이유는 병원 측이 모든 자료와 정황에 대한 정보를 통제하고, 발생한 의료분쟁의 사실을 파헤치는 일보다는 빠르게 일을 무마시키겠다는 자세로 임하기 때문이다. 따라서 피해를 입은 환자 측에서는 병원 측의 입장을 불신하게 된다. 병원 측도 대화와 타협을 이끌어 내기보다는 환자 측과 합의를 통해서 일을 정리하는 데에만 관심을 가지기 때문에 아주 작은 사건에도, 환자 측이 부당한 요구를 해도 수용하고 마무리를 짓는 비합리적인 선택을 하기도 한다.

소통이 안 되는 사회는 의견의 양극화 현상이 매우 심하다. 어떤 일에 대해서 양극단의 입장에 서서, 자기의 입장이 옳다는 생각만을 키우고 정보를 편식한다. 자기와 다른 입장의 사람과는 대화 자체를 거부하거나, 대화를 한다고 하더라도 상대의 입장에 대해서 반박하기 위한 근거를 찾기 위해서 듣고, 반박하는 내용만을 말한다. 그러므로 입장이 다른 사람이 대화의 장에서 어렵게 만났다고 하더라도, 상대가 말하는 자기 입장에 불리한 정보는 무시하거나 상대의 입장을 자극하는 감정적인 발언을 일삼거나 상대의 이야기를 듣기도 전에 방어만 하려고 한다. 이러한 소통의 부재는 결국 의견을 양극화하여, 사회적 분열을 초래한다.

2-3) 소통의 기술

소통은 관계의 성공 기반이다. 소통은 타인에 대한 존중을 바탕으로 할 때, 진정한 효력을 발휘한다. 소통은 인간에 대한 근본적인 존중을 말한다. 이를 통해서 상호 이해하고, 그러한 노력과 성과가 사회로 확대되면, 인류에 대한 공감과 소통으로 드러난다. 그것이 사회적인 문제로 시선이 드러나면, 정치적 공감과 소통으로 효과를 거두게 된다.

좋은 세상을 만들고 정의를 실현하고자 하는 정치적 공감은 소통에서 시작한다. 조선시대의 공론문화는 그것을 가장 잘 보여준다. 성균관 유생뿐만 아니라 각 지역의 유생들이 올바른 세상을 위해서 자신들이 가지고 있는 정치적인 입장을 상소를 통해서 임금에게 전달했던 소통의 전통은 오늘날에도 의미가 있다.

진정한 소통이란 무엇일까? 그것은 바로 본성 간의 만남이라고 할 수 있다. 진정한 소통은 어떤 규범이나 정답을 제시하는 것이 아니라, 스스로 어떤 문제가 없는지 성찰하도록 하는 것이다.

> "이상적 의사소통은 말하는 사람의 개인적 목적 달성을 위해서 사용되는 도구나 기술이 아니라, 말하는 사람의 정련된 인성과 심성의 발현체이다. 이상적 의사소통을 위한 조건으로서의 인성과 품성은 겸손함, 경청, 이타성, 강직함, 진정성 등으로 유교의 이상적 인간이 갖추어야 할 자질인 忠과 일치한다(박용익, 2015: 66)."

그러한 본성 회복을 위한 소통이 이루어질 수 있을 때, 인간적인 관계가 형성되고 안정적인 사회가 실현될 수 있다. 그러나 모든 개인이 그러한 능력을 갖추거나 감당하기는 쉽지 않을 것이다. 그래서 서구

사회에서는 사회적 소통을 위한 중재자의 필요성을 인식하고 제도적인 장치를 마련하고 있다. 어떤 문제가 발생했을 때, 법으로 해결하려고 하는 집단과 대화와 타협을 통해서 해결하려고 하는 집단은 매우 다른 삶의 질을 누리게 된다.

한국사회가 소통의 기술이 얼마나 낙후한 지를 보여주는 사례가 있다. 2007년 12월 7일 서해안에서 '삼성 1호-허베이스피리트호' 충돌에 따른 유류 오염 사고가 발생했다. 당시 삼성중공업은 주민들과 소통하지 않고, 지역발전금을 배상금으로 지급하고 법적인 책임을 지겠다는 입장을 보여서 주민들을 분노하게 했다. 그 사건은 태안군 만리포 앞 해상에서 삼성중공업 해상크레인 예인선단과 홍콩 선적 유조선 허베이스피리트호의 충돌로 원유 만 2,547*kl*가 유출돼, 국내 최악의 유류 오염 사고로 기록됐다. 삼성중공업이 주민들의 상황을 공감하고 깊이 사과하는 자세를 지녔다면, 배상금과 법적인 책임을 지는 동일한 행동에 대해서 분노할 사람은 없었을 것이다.

문제해결을 위해서는 공감대를 형성하는 것이 가장 중요하고, 공감대를 형성하기 위한 바탕에는 바로 소통이 있어야 한다. 소통한다는 것은 바로 상대방으로부터 존중받는 것을 자각하도록 돕기 때문이다. 상대방의 입장에 공감할 때, 사람들은 자신의 손해와 이익에 관계없이 상대의 입장에서 행동하게 되는 것이다.

3) 협력하는 인간

3-1) 사회적 자본으로서 협력

공동체의 삶을 위해서 협력이 기반이 되어야 한다. 협력은 상생의 원리이며, 시장의 논리를 넘어서는 것이다. 근대 시장경제질서의 확대와 자본주의의 경쟁체제는 자유로운 이윤추구를 가능하게 했지만, 이윤추구의 과정에서 관계의 파괴와 과다한 경쟁으로 비인간화되는 사회문제를 야기했다. 공동체는 파괴되고, 인간은 이기적인 존재로 추락하며, 인간을 이윤추구를 최우선으로 하는 돈의 노예로 전락시켰다. 이러한 사회문제가 심각해질수록 삶에서의 협력이 가지는 의미가 새롭게 부각되고 있다.

경제적 이익에 우선하던 가치관을 넘어서 지속가능한 사회를 위한 인간상에 대한 고민이 대두되고 있으며, 그러한 논의의 중심에 협력이 부상하고 있다. 이제 더 많은 경제적 이익을 도출하는 것에 대한 관심에서 나아가서 어떻게 함께 공존할 수 있는 사회를 만들고 그런 사회의 구성원으로 개인은 어떤 협력의 역량을 갖추어야 하는지에 대한 논의가 활발하게 진행되고 있다. 심지어 협력이 새로운 경제발전의 요인으로 조명되고 있다. 사회 구성원간의 자발적인 협력이 존재하지 않는다면 경제활동은 조직화될 수가 없다. 협력은 중요한 사회적 자본이라는 점에 누구도 의문을 제기하지 않을 것이다.

2011년 KBS는 [소셜 디자인 프로젝트 사회적 자본]에서 인류의 오랜 전통 속에서 협력의 기원을 소개한 바 있다.

*** 사례 1**

스위스 알프스의 비스타르스협곡에는 해발 3,000m의 높이에 500여 명의 마을주민이 살고 있다. 그들은 여름에 마을공동목초지에서 소를 방목하여 키운다. 이들이 목초지를 관리하는 방법은 매우 엄격하며, 철저한 규약을 지키면서 그 전통을 유지해오고 있다.

그리고 그들은 공동치즈관리소를 협업으로 운영하고 이익을 공동분배하는 방법으로 공존하고 있다. 규약을 철저히 지키고 협업하는 것을 통해서 함께 잘 사는 방법을 실천하고 있다.

*** 사례 2**

버몬트의 유기농 아이스크림회사(BEN & JERRY`s)는 지역공동체와 이익을 나누는 협업을 오랫동안 실천하고 있다. 지역 낙농업자에게 우유 가격을 충분히 지급하고, 지역의 일자리를 창출하는 등 수익을 사회로 환원하는 것이다.

지역민은 이 회사의 제품을 기꺼이 구입하고, 모두 좋은 세상을 만들어 나가는데 동참한다.

오늘날과 같이 치열한 경쟁이 만연한 사회에서 협력은 가치가 없다고 치부할 수 있지만, 실제로 협력을 통해서 경제적 수입뿐만 아니라 공존하고 행복한 세상이라는 더 큰 가치를 창출하는 사례이다. 더 놀라운 사실은 인간은 자신의 이익을 최우선으로 하지 않는다는 사실을 보여준다. 인간이 자신에게 아무런 도움이 되지 않더라도 이타적인 행동을 한다는 증거는 쉽게 발견할 수 있다. 이러한 이타성이 세상을 유지시켜주는 근본적인 힘이 된다는 것을 우리는 인정하지 않을 수 없다.

3-2) 협력의 부재와 사회문제

치열한 경쟁사회는 이익에 움직이는 사회가 되어버리고, 이익을 추구하고 이익에 지배받는 삶은 불행으로 치닫기 십상이다. 이러한 사회는 관계의 파괴가 가시화되고, 공동체의 파괴로 인해 섬과 같은 개인의 삶이 사회문제로 부각된다. 물론 집단주의의 지배를 받는 사회가 개인의 취향과 권리를 무시하고 삶에 폭력적인 영향을 미치는 문제를 간과하고자 하는 것은 아니다. 인간과 인간이 공존하고 소통해야 하는 사회라는 공동체의 파괴는 인류를 파멸로 이끌어 갈 수 있다는 것을 잊어서는 안 될 것이다.

현대사회가 직면하고 있는 불평등의 양상은 부의 불균형과 상대적 빈곤의 심화로 심각한 사회문제로 대두되고 있다. 이러한 문제에 노출되어 있는 한, 협력을 하기는 불가능하다. 또한 불평등한 사회는 불신이 어두운 그림자로 인간관계를 파괴하게 된다. 절대적 빈곤이 인간의 삶에 가하는 파괴성은 의심할 여지가 없지만, 상대적 빈곤은 인간성을 파괴하고 공동체를 파괴하는 독소가 된다는 것을 우리는 알고 있다.

그러므로 협력을 위해서는 사회적인 불평등을 해소하기 위한 노력이 바탕이 되어야 한다. 더 잘 협력하기 위해서 사람들은 나 아닌 다른 사람이 협력적이라는 인식을 하기를 원한다. 내가 협력하고자 하는 일에 다른 사람도 협력하고 있다는 사실을 확인할 때, 훨씬 더 흔쾌히 협력하는 경향이 있다. 인간은 모두 자신의 이익을 위해서 살아가고 있는 것 같지만, 사실은 협력해서 함께 잘 살고자 하는 요구가 더 강하다고 할 수 있다. 다른 사람을 돕는 행위는 다른 사람과의 관계에 이미 신뢰가 형성되어 있기 때문에 가능한 것이다. 협력할 수 있는 사회가 건강한 사회이며, 행복한 사회라고 할 수 있다.

3-3) 협력의 기술

인간은 누구나 수많은 관계 속에서 살아간다. 좋은 관계를 형성하고 협력할 때, 비로소 인간은 자기 만족감을 느끼고 성취감을 맛보게 된다. 이러한 협력의 배경에는 인간의 이타성이 있다. 그것은 인간의 사랑할 수 있는 능력으로 드러난다. 사랑할 때, 인간은 자신이 가지고 있는 인간적인 능력의 최고를 발휘한다. 타인의 안위를 위해서 자신의 것을 기꺼이 나누고, 인간은 삶의 의미를 극대로 누린다.

타인의 삶에 협력하고자 하는 자세는 인류애의 실천으로 드러난다. 모두가 살기 좋은 세상을 만들고자 하고, 사회를 이롭게 하고자 하는 인간의 성향이 바로 그것이다. 이때 인간은 이익과는 관계없이 자신을 헌신하기도 하고, 자신의 부를 희생하기도 한다. 이러한 협력은 또 다른 협력으로 확산되는 경향이 강하다. 타인의 협력이 나 또한 협력하도록 하는 협력의 파급효과를 가지고 있다.

*** 협력실험**

두 장소에서 안이 보이는 투명한 모금함을 설치하고, 한 모금함에는 이미 50% 정도 채워두고, 다른 한 모금함은 아무것도 없이 비워두었다. 시간을 투자해서 지켜본 결과, 50% 정도 채워진 모금함에 더 많은 사람들이 기부하는 결과를 관찰할 수 있었다.

사람들은 나 말고 다른 사람이 참여하고 있는 협력에 나도 동참해야겠다는 생각을 하는 반면, 아무도 기부하지 않은 상황을 확인한 경우에는 왜 나만 해야 하는가라는 생각하기 쉽다는 것이다.

* 인용: KBS(2011). [소셜 디자인 프로젝트 사회적 자본].

협력은 결국 공공의 이익과 직결되는 것이다. 한국과학창의재단이 출간하는 〈사이언스타임즈〉에 전 유럽입자물리연구소(CERN) 소장이었던 롤프 디터 호이어가 사회의 지속가능한 발전을 위해서 거대과학 인프라가 어떤 임무를 수행해야 하는지에 대해서 다음과 같은 이야기를 했다.

"오늘날과 같은 치열한 경쟁시대에 사회의 지속가능한 발전을 이루기 위해서는 국가와 지역의 경계를 넘어서는 글로벌 협력으로 혁신적 연구를 계속해 나가는 것이 바로 거대과학 연구 인프라의 사명이자 임무라고 생각합니다."

치열한 경쟁사회로 인식되고 있는 현대사회에 있어서, 거대과학은 글로벌 협력을 실현하지 않으면 안 된다는 주장을 하고 있다. 이때 교육과 아웃리치(Out Reach)도 중요한 의미를 가진다고 강조했다. 그 이유를 "모든 국가가 과학자를 더 많이 필요로 하기 때문에 어린 시절부터 과학자가 되는 것에 대해 관심을 가질 수 있도록 알리고, 교육해 나가야 한다"고 설명했다. 아울러 "과학의 혁신적인 성과를 사회로 전파되도록 하기 위해서는 무엇보다 학교에서 가르치는 교사들의 역할이 중요하기 때문에 CERN은 교사들의 훈련에도 상당한 노력을 하고 있다"고 덧붙였다.

결론적으로 호이어 전 소장은 "과학은 전세계 누구나 통하는 공용어와 같다"며 "과학을 통해서는 국가나 지역의 경계를 넘어 소통할 수 있어 글로벌 협력이 가능한 것"이라면서 "거대과학 인프라가 그 사명과 임무를 다하려면 무엇보다 전 세계적인 과학적 협력이 필요하다고 거듭 강조했다.

* 인용: 사이언스타임즈, 2016년 7월 15일자.

4) 공동체가 요구하는 인간상

미래사회에서 요구하는 인간상은 어떤 능력을 갖춘 인재일까? 미래사회가 어떤 사회로 변화할 것인지에 따라, 미래사회의 성격에 따라서 인간상도 변화할 것으로 예측할 수 있다. 미래사회에 대한 예측은 다양한 입장으로 논의되고 있지만, 대표적이고 보편적인 지지를 받고 있는 사회의 모습은 '제4차 산업혁명'으로 인한 사회의 변화라고 할 수 있을 것이다. 제4차 산업혁명이라는 용어는 2016년 세계경제포럼에서 논의되면서, 현대사회가 직면한 문제를 해결하고 지향할 바를 논의하는 논점으로 대두되고 있다. '제4차 산업혁명'은 '3차 산업혁명'을 기반으로 하는 디지털과 바이오산업, 물리학 등의 경계를 융합하는 기술혁명을 말한다.

세계경제포럼에서 논의한 결과를 토대로 출판한 클라우드 슈밥(Klaus Schwab)은 『제4차 산업혁명』에서 4차 산업혁명의 특징을 다음과 같이 말하고 있다.

> "21세기의 시작과 동시에 출현한 4차 산업혁명은 디지털 혁명을 기반으로 하고 있으며, 단순한 기기와 시스템을 연결하고 스마트화하는데 그치는 것이 아니라 모든 기술이 융합하여 물리학, 디지털, 생물학 분야가 상호 교류하는 혁명이다(클라우드 슈밥, 2016: 25-26)."

4차 산업혁명으로 인한 사회의 주요변화는, 컴퓨터혁명과 디지털혁명의 진화를 통해, 기술적으로는 센서기술이 급진적으로 발전하며, 인공지능과 기계학습이 두드러진 변화의 양상을 보인다. 기술의 변화는 산업, 경제, 문화 등의 근본적인 변화를 야기하고, 실제로 변화가 시작되었으며, 인류는 새로운 세계관과 사회구조의 변혁을 선택하지 않을 수 없다는 것이다. 이때 변화의 방향은 3차 산업혁명까지와는 혁명적인 차별화가 나타날 것이라는 점을 주장하고 있다.

조금 더 구체적인 미래사회의 구조적 변화에 대한 논의는 제레미 리프킨의 책에서 찾을 수 있다. 제레미 리프킨은 『한계비용 제로사회(2014)』에서 지식과 지구 자원의 사유화(세계화)에 대해 반대하는 현대사회의 흐름을 통해서, 인간 삶의 모든 측면에서 사유화를 되돌리고 공유사회를 복귀시켜야한다는 입장이 대중적인 지지를 받고 있으며, 이 점에 주목하면서(제레미 리프킨, 2014: 307), 협력적 공유사회에 대한 비전을 말하고 있다. 이미 현대사회에서 일어나고 있는 공유사회의 징후는 다양하게 진행되고 있다는 것이다. 공공 광장 공유사회, 토지 공유사회, 지식 공유사회, 가상 공유사회, 에너지 공유사회, 전자기 스펙트럼 공유사회, 커뮤니케이션 공유사회, 대양 공유사회, 담수 공유사회, 대기 공유사회, 비영리 공유사회, 생물권 공유사회 등을 개방하라는 요구가 거세지고 있다. 공유사회란 공유되며 집단적으로 관리되는 것을 의미한다(제레미 리프킨, 2014: 309).

리프킨은 자본주의 시장과 협력적 공유사회가 함께 공존하면서, 때로는 시너지 효과를 내고, 때로는 경쟁하며, 때로는 대립하기도 하면서, 두 관리 모델 중 어떤 것이 궁극적으로 지배적인 방식이 되고 어떤 것이 주변부 틈새의 방식이 될지는 사회가 구축하는 인프라에 따라 크게 좌우될 것(제레미 리프킨, 2014: 312)이라고 한다.

3차 산업혁명의 결과로 한계비용 제로사회에 근접하게 되며, 한계비용 제로사회라는 것은 자본주의체제에 내재된 모순이다. 따라서 자연스럽게 자본주의체제가 지배하던 경향은 약화되고 협력적 공유사회가 출현하게 된다는 것이다. 이러한 관점은 자본주의체제가 어디로 나아갈 것인가에 대해서, 한계비용 제로사회로 인한 협력적 공유사회라는 발상을 제기한 점에서 흥미롭다. 한계비용 제로사회가 자본주의체제를 완고하게 하기 보다는 붕괴하는 원인이 된다는 점도 충분히 설득력을 가지고 있다.

리프킨의 협력적 공유사회에 대한 논의는 경제학자로서 새로운 사회경제구조에 대한 예측을 했다는 점에서 의미를 가진다. 그러나 이러한 협력적인 공유사회로의 이행이 자동적으로 이루어지지는 않을 것이라는 점에서 리프킨의 논의는 보완이 필요하지 않을까? 프로슈머(prosumer)가 보편화되고 협력적인 공유사회가 출현한다는 그의 관점에 부합하는 인간상이 어떤 역량을 갖추어야 하는지에 대해서 깊이 있는 성찰이 필요하다. 그것은 바로 변화하는 사회구조에서 인간다운 삶을 영위하기 위한 요건을 논의하는 것과 직결되는 일이다.

협력적인 공유사회가 출현한다고 해서, 인간다운 삶이 영위될 수 있는 것은 아니다. 인간다운 삶을 위해서는 변화된 사회상에 부합하는 인간적인 소양을 갖추고 있어야 한다. 협력적 공유사회의 구성원은 개인을 분리·독립된 개체로 인식하는 현대적인 인간관을 극복해야 한다. 현대적인 인간관을 바탕으로 세계를 인식한다면, 협력적 공유를 실천하기 불가능하기 때문이다. 이러한 공동체에서는 신뢰-소통-협력의 역량을 갖춘 인간상을 필요로 한다.

3. 따뜻한 사회를 위한 대학의 인성교육

공동체의 구성원으로서 살아가기 위해서는 여러 가지 소양이 요구된다. 현대사회는 인간성 파괴로 인한 다양한 사회문제에 직면해있고, 이를 개선하고 함께 잘 살기 위한 세상을 만들기 위한 노력은 사회구성원이면 누구에게나 요구되고 있다. 최근 한국사회에서는 이러한 문제의식에 의해, 인성교육이 사회적 이슈로 부각되고 있으며 초등학교부터 대학교에 이르기까지 인성교육이 활발하게 추진되고 있다.

인성교육이 이렇게 양적인 지표와 법제화를 통해서 추진되고 있는 현실에 대해서는 긍정적인 평가와 부정적인 평가가 공존하고 있다. 여기서는 현행 인성교육의 실효성을 논의하는 것은 목표가 아니므로, 구체적으로 논점으로 삼지는 않을 것이다. 다만 지금까지 추진되고 있는 인성교육이 나름의 성과와 의미를 가지고 있는 부분은 충분히 인정하면서도, 기존 인성교육이 개인의 인성덕목 함양에 치중하는 점에 대해서 문제의식을 가져야 할 것으로 보인다.

물론 인성교육은 다양한 스펙트럼으로 설명될 수 있다. 각 인성교육이 교육목표로 하는 바를 구체화 하고, 그것을 달성하기 위한 교육방법이 다양화 될 수 있으며, 그에 따른 교육성과도 다를 수 있다. 그러한 과정을 통해서, 인성교육의 피교육자는 개인 인성덕목의 함양이라는 성과를 거둘 수 있고, 인성교육의 교육적 성과는 단순히 개인의 삶의 인간적인 변화로 드러남과 동시에 더 좋은 세상을 만드는 일에 영향을 미칠 수 있다. 그러나 현행 인성교육이 개인의 인성덕목 함양에 교육목표를 맞추는 것에 그치는 것을 넘어서는 관점의 전환이 필요하다.

자기 안에 집중하는 관심을 더 넓은 시야로 보면서 세상을 인식하고 자신의 개인적인 문제를 넘어서 사회문제로 눈을 돌릴 수 있는 인성교육의 기회를 제공해야 할 필요가 있다. 이러한 시도는 자기정체성의 확립이 어느 정도 달성된 대학교육에서 담당할 수 있는 부분이며, 그런 의미에서 대학에서 인성교육의 내용으로 사회적 기업을 다루는 것은 충분히 설득력을 가진다고 할 수 있다. 다음에서는 따뜻한 사회를 위한 인성교육을 실시해야 하는 이유를 사회적 문제와 실천 능력을 갖춘 인재를 요구하는 현실에서 살펴보고, 이러한 인성교육을 위해서 대학이 어떤 역할을 할 수 있는지를 살펴보자.

1) 사회적 문제와 인성교육

전 세계가 하나의 마을처럼, 지구촌의 여기저기에서 발생하는 사회문제는 유기적으로 연결되어 있다. 얼마 전 영국이 유럽연맹에서 탈퇴하겠다고 선언하자, 세계 각국의 주식이 하락하고 불안한 정세를 보였다. 시리아의 내전이나 갈등으로 발생한 난민은 유럽 국가들에게 풀기 어려운 문제가 된 지가 오래다. 시리아뿐만 아니라 유럽으로 이주한 난민들이 앞으로 유럽의 각국에서 어떤 갈등과 직면하게 될지, 그 문제를 어떻게 슬기롭게 풀어나갈지 등은 정치적으로 복잡한 구조에 처해 있다.

무엇보다 무분별한 개발과 자연파괴로 인한 환경문제는 지구촌의 가장 심각한 문제이다. 그러나 여전히 경제적인 편의와 이익을 위해서 환경을 파괴하는 인류의 행보는 늦춰지는 기미가 없다. 또한 지구촌의 심각한 빈부의 양극화 현상은 누구나 공감하는 사회문제이다. 그러나 경제가 발달하고 현대적 삶이 윤택해지는 것과 반비례한다고 해도 과언이 아닐 정도로 빈곤계층은 열악한 삶의 현실에 직면하게 된다.

이와 같은 몇 가지 사회문제로는 모두 설명할 수 없을 정도로 우리의 공동체는 심각한 문제에 노출되어 있다고 할 수 있다. 지구촌에서 한국사회로 시선을 돌려보면 그 심각성은 더욱 피부에 와 닿는다. 다음 표는 OECD 소속 34개 국가와 러시아와 브라질 등 36개 국가를 대상으로 조사한 공동체 지수를 보여주고 있다.

〈표〉 공동체 지수 국가별 순위

순위	국가	지수	순위	국가	지수	순위	국가	지수
1	아일랜드	96%	25	일본	89%	34	그리스	83%
2	스위스	96%	27	프랑스	87%	35	멕시코	77%
3	아이슬란드	96%				36	**한국**	**72%**

* 지수가 높을수록 공동체가 살아있다는 뜻.
* 자료: 경제협력개발기구, 동아일보 2016년 4월 11일자에서 인용함.

경제협력개발기구(OECD)에서는 경제성장률만으로 측정할 수 없는 사회에 대한 평가를 보완하기 위해서 '더 나은 삶 지수(Better Life Index)'를 조사, 발표하고 있다. '더 나은 삶 지수'는 공동체 지수, 삶과 일의 균형, 안전, 양극화 지수 등 여러 지표가 포함되어 있다. 공동체 지수는 "어려움에 처했을 때 이웃이나 친구 등 사회적 네트워크의 도움을 받을 수 있다"는 문항에 응답한 비율이다. 이 설문에서 한국인은 72%가 "도움을 받을 수 있다"고 답했다. 전체 평균인 88%보다 16% 낮다. 1위를 차지한 아일랜드는 96%였다(동아일보, 2016년 4월 11일자).

위의 〈표〉에서 나타나듯이 우리사회의 공동체 지수가 조사대상 국가 가운데 최하위를 기록했다. 이러한 결과는 한국사회가 전통적으로 중시하던 공동체 문화가 상당 부분 파괴되었다는 것을 반증하고 있다. 이러한 공동체 의식의 파괴 양상은 우리사회에 다양한 징후로 드러나고 있다. 단절된 이웃관계, 층간 소음문제로 인한 사건과 사고가 잇따르고 있다. 자기가 속한 공동체에서 발생하는 문제에 대해서 무관심한 경향은 결국 사회적인 소통의 부재와 신뢰의 파괴로 인한 결과라고 할 수 있다.

공동체가 파괴되면서 도움이 필요할 때 이웃의 손길을 기대하기도 힘들어졌다. 올해 연이어 터져 나온 아동 학대 사건을 살펴보면 옆집 아이가 수개월 동안 보이지 않아도 이웃은 "전혀 몰랐다"고 말한다. 자기 집에서 홀로 외롭게 죽음을 맞이하는 사람도 늘었다. 보건복지부는 주변 사람들과 단절된 채 홀로 죽음을 맞는 고독사(孤獨死)가 지난해 1,200명을 넘어섰다고 발표했다.

박태순 사회갈등연구소장은 "사회적 자본인 '신뢰'가 형성되면 이웃 간 분쟁이 생겨도 대화와 배려로 해결할 수 있는 여지가 많다"며 "신뢰는 공동체 의식과 불가분의 관계인데 공동체가 살아 있는 곳일수록 갈등을 해결할 때 들어가는 사회적 비용이 훨씬 적다"고 말했다.

* 출처: 동아일보, 2016년 4월 11일자.
"한국 공동체지수 OECD국가 중 꼴찌…주차장 불화-고독死 많아".

위의 기사를 통해서 알 수 있듯이, 공동체 의식의 파괴는 우리사회가 직면하고 있는 문제의 단면을 그대로 보여준다. 이러한 문제의식을 공감한다면, 오늘날 교육에서 무엇이 강조되어야 할 것인가에 대한 부분에 대해서도 쉽게 공통의 해답을 도출할 수 있을 것이다. 지금까지 현대사회에서 교육은 이성적인 능력을 극도로 발휘하는 전문적인 역량을 갖춘 인재를 배출하는 것에 초점을 맞추어 왔다면, 앞으로 교육은 공동체 속에서 함께 소통하고 공존할 수 있는 능력을 갖춘 인성을 발휘할 수 있는 참사람을 키워내는 것이라고 할 수 있다.

현금의 사회구조가 직면한 가장 심각한 위기가 바로 인성파괴로 인해 발생하는 문제이며, 그 문제는 공동체의 파괴라는 현상으로 인류의 삶을 위협하고 있다. 이에 대해서 인식하고 문제해결을 위한 사명감을 가질 수 있고 실천할 수 있는 인재가 바로 오늘날의 사회가 필요로 하는 사회구성원이기 때문이다.

2) 사회적 기업가 양성과 대학 인성교육의 기여

현재 사회적 기업에 대한 이론적인 기반이 확립된 것은 아니지만, 사회적 기업에 대한 논의를 이해하는 데에 있어서 사회적 자본의 개념을 이해하는 것은 그 자체로 의미가 있다. 여기서는 사회적 기업이 성립하는 데, 밑바탕이 되는 사회적 자본이 인성교육의 관점에서 어떤 의미를 가지는 지에 주목하고자 한다. "사회적 자본은 그 개념을 어떤 맥락에서 사용하느냐에 따라 정의가 달라진다. 대체로 사회적 자본은 사회 구성원들이 힘을 합쳐 공동 목표를 효율적으로 추구할 수 있게 하는 자본을 이르는 말이다. 사람과 사람 사이의 협력과 사회적 거래를 촉진시키는 일체의 신뢰, 규범 등 사회적 자산을 포괄하여 말한다(네이버 지식백과, 2010)."

자본이라는 용어는 상품 생산을 위한 노동력, 생산수단 등을 말한다. 이때 상품 생산은 어떤 이익을 위한 것이라는 점에 현대사회는 동의하고 있다. 그러나 '사회적'이란 어휘가 포함되는 순간 '사회적 자본'은 '바람직한 거래'나 '교환'을 위한 다른 입장을 포함하는 의미로 확장된다(KBS, 2011). 이익 창출을 위한 상품 생산을 부정하지 않지만, 공공의 이익을 위한 사회적 가치를 추구하는 것이다. 그런 의미에서 착한 자본으로서의 역할을 담당하게 된다.

여기서는 대표적인 사회적 자본으로 언급되는 신뢰, 소통, 협력을 중심으로 인성교육과의 관계 및 함의를 살펴보았다. 사회적 기업의 토대가 되는 사회적 자본이 인간본성을 발현하도록 하는 인성교육과 동일한 맥락을 가지고 있다고 할 수 있다. 사회적 기업의 확대는 인간이 더욱 인간답게 사는 세상을 만드는 것으로서의 의미를 가진다. 동시에 한 개인의 입장에서 보면, 직업활동을 통해서 이 세상을 행복한 세계로 만드는 데에 기여하는 기회가 된다.

사회적 자본을 인성교육과 접목시키는 것은 두 가지 개념이 가지고 있는 근원적인 유사성 때문에 별로 어려운 작업이 아니다. 사회적 자본과 인성교육은 공공의 가치를 추구한다는 점에서 매우 닮아있기 때문이다. 물론 인성교육은 다양한 관점과 목적을 가질 수 있으며, 그에 따라서 다양한 내용으로 구성된다.

오늘날 대학교육에서도 인성교육의 중요성과 필요성에 대한 사회적 요구가 높아지고 있다. 대학은 사회로 진출하기 이전의 마지막 교육기관이라는 점에서 교육의 시작점에서부터 추진되어온 인성교육을 자신의 사회적 활동으로 연계시킬 수 있는 다양한 인성교육의 기회를 제공하는 역할을 수행해야 한다. 이러한 맥락에서 사회적 기업에 대한 대학교육의 관심은 높아질 수밖에 없다. 현재 다수의 대학에서 졸업생이 다양한 사회적 기업을 창업할 수 있는 이론적이고 실천적인 인프라를 제공하는 데 관심을 기울이고 있다.

사회적 기업가를 양성하는 과정에서 대학은 재학생뿐만 아니라 지역사회의 사회적 기업이 활성화 되는 데에도 실질적으로 기여할 수 있으며, 대학은 이러한 사회적 기업가 양성을 위한 교육을 통해서 인성교육에 실질적으로 기여한다. 그것은 앞에서 지적한 바와 같이 사회적 자본에 대한 이해와 사회적 기업의 공공성에 대한 인식은 인성교육의 내용과 직결되는 것이기 때문이다.

한국사회에서는 2007년 '사회적기업 육성법'을 제정하고 2010년 '한국사회적기업진흥원'을 설립하여, 사회적 기업의 양성과 모니터링 및 네트워크 구축 등을 지원하고 있다. 정부는 정책적인 차원에서 다양한 지원제도를 마련하여 사회적 기업가 양성에 박차를 가하고 있다.

이와 같이 사회적인 요구에 부응하기 위한 대학에서의 사회적 기업가 지원 프로그램도 다양하게 실시되고 있다. 이미 해외의 유명대학에서는 사회적 기업가를 양성하는 프로그램을 운영하고 있으며, 이러한 사정은 우리나라의 대학에서도 마찬가지이다. 일부 대학은 교과목으로 사회적 기업가 교육을 실시하고 있기도 하다.

이러한 사회적 기업가 양성은 대학의 인성교육과도 직결되어 있다. 사회적 기업의 존립 목표와 사회적 자본에 대한 이해의 과정은 인성교육의 효과와 유기적으로 결합되어 있으며, 대학에서 실시하는 인성교육의 궁극적인 목표를 달성하는 데 핵심적인 사항이라고 할 수 있다. 대학 인성교육의 목표는 다각적인 측면에서 이해할 수 있겠지만, 가장 일반적인 내용을 기술하자면, 나에 대한 이해에서 출발하여 타인에 대한 이해로 나아가며, 궁극적으로는 세계에 대한 이해에까지 이르는 것이다.

이와 같은 대학의 인성교육을 통해서 다음과 성과를 거둘 수 있다. 첫째, 나에 대한 이해는 사회적 자아, 즉 관계적 자아에 대한 인식을 확충하도록 한다. 서구의 현대적인 자아관은 분리독립된 개체로서의 나라는 관점을 바탕으로 개인을 이해한다. 그로 인해, 개별자인 자신의 욕구와 이익에 대한 관심에 집중하면서 인간본성을 발견하는 기회를 상실하게 된다. 결국 인간소외와 인간성 상실의 문제로 드러나기도 한다. 현대적인 인간관을 넘어설 수 있는 자기 존재의 의미와 가치를 발견하는 인성교육의 필요성이 대두되고 있다.

둘째, 타인에 대한 이해를 도모하는 인성교육이다. 자신의 존재 가치를 깊이 자각하는 것은 타인을 이해하고 사랑하는 것과 무관하지 않다. 타인이 처한 상황에 귀 기울이고 타인의 입장에 깊이 공감하는 능력을 키우는 일은 사회적 기업가를 양성하는 과정에서 얻을 수 있는 인성교육의 성과가 될 것이다.

셋째, 세계에 대한 이해는 바로 사회적 기업가가 공공의 이익을 고려하고 더 좋은 사회를 건설하기 위한 고민에서 출발하는 생산과 이익의 창출에 초점을 맞춘다는 점과 연결된다. 사회적 기업가에게 시대적으로 요구되는 정신은 현대사회가 직면한 사회구조와 매우 밀접한 관계를 가지고 있다. 사회적 불평등과 갈등이 심화될수록 사회통합을 위한 정책적인 노력이 요구되고 있으며, 오늘날 인류의 미래는 공존의 능력에 달려있다.

3장

현대사회의 문제와 사회적 기업

1. 사회문제의 성립조건과 사회문제의 유형

2. 현대사회 변동의 원인과 사회문제

3. 사회문제 해결을 위한 다양한 접근들

4. 사회적 기업이 관심 가지는 대표적 사회문제와 극복 방안

5. 시장인가? 정부인가? 사회적 경제인가?

3장

현대사회의 문제와 사회적 기업

1. 사회문제의 성립조건과 사회문제의 유형

사회적 기업가는 비즈니스의 방식으로 사회문제를 해결하고 사회적 가치를 실현하고자 노력한다. 사회적 기업은 일반적인 기업처럼 경제적 수익도 추구하지만, 동시에 사회적 문제까지 해결하려고한다는 점에서 두 마리 토끼를 한 번에 잡고자 한다. 그래서 경제적 이익은 실현했지만 사회적 문제를 해결하지 못한 기업은 사회적 기업이라고 말할 수 없다. 또한 사회적 기업도 역시 기업이라는 점에서 경제적 이익을 창출해야 하고 그렇지 못하면 사회적 기업이라 부를 수 없다. 사회적 기업은 정착하는 과정에서 정부의 지원을 받더라도 지속적으로 정부의 지원을 통해서만 유지된다면 이미 기업의 성격을 띨 수 없다.

일반적으로 경제적 이익 추구와 사회적 가치 추구를 모순된 것이라고 이해해 온 현실에서 두 가지를 동시에 추구하는 사회적 기업의 노력은 혁신적이다. 경제적 이익의 추구가 사회적 가치를 훼손하는 경우가 비일비재한 현실 속에서는 더욱 그렇다. 그러나 사회적 기업가는 모순되는 듯한 두 개의 과제가 사실은 함께 실현할 수 있으며, 그래야만 한다고 믿는다. 오히려 이 두 가지 모순되는 듯한 것이 함께 추구될 때 경제적 가치뿐만 아니라 사회적 가치도 동시에 생산적으로 실현할 수 있다고 믿는다. 따라서 사회적 기업은 경제적 가치와 사회적 가치의 동시적 실현을 창의적으로 추구하고자 한다.

사회적 기업가가 경제적 가치나 사회적 가치를 동시에 실현하기 위해서는 우선 우리가 직면한 문제를 잘 직시하고 해결할 수 있어야 한다. 시급한 문제를 발견하고 해결함으로써 누군가의 욕구와 욕망을 만족시키고 궁극적으로 가치를 창출할 수 있다. 특히 사회적 문제는 우리 모두의 문제이자 다수의 욕구와 욕망과 관련된다는 점에서 중요하게 해결해야 할 문제이다. 이런 사회적 문제를 사회적 기업이 창의적으로 해결한다면 경제적 이익뿐만 아니라 사회적 가치까지 동시에 실현할 수 있다. 사회적 기업뿐만 아니라 일반 기업도 사회적 문제를 해결하고 사회적 가치를 실현하고자 노력해야 하는 이유는 기업의 사회적 책임뿐만 아니라 사회적 문제 해결을 통한 혁신적 노력이 새로운 시장과 이익을 창출해줄 수 있기 때문이다. 기업이 사회적 가치를 실현할 때 장기적으로 소비자의 신뢰를 얻게 되며, 기업이익을 증진할 수 있다.

모든 문제가 그렇듯이 사회적 문제도 인간의 근원적 욕구가 좌절될 때 발생한다. 욕구가 없다면 문제라는 것도 애당초 성립할 수 없다. 돌멩이는 욕구가 없으므로 어떤 문제 상황이나 해결해야 할 문제도 지닐 수 없다. 그런 점을 염두에 둘 때 사회적 문제의 발생 역시 인간의 근원적 욕구, 보편적 욕구의 좌절과 관련지어 살펴볼 필요가 있다(김근홍 외, 2013: 23-27).

매슬로우(Maslow)는 인간의 욕구를 5단계로 나누어 살펴본다. 그가 분석한 5단계의 근원적 욕구와 그 욕구의 좌절에 따라 우리는 사회문제를 분류할 수 있다. 우선 매슬로우가 주장한 5단계 욕구를 살펴보면 다음과 같다. 1단계는 생리적-의식주 욕구(생물학적 욕구)의 단계이다. 이 단계는 생계에 필요한 것, 즉 인간의 기본 욕구에 해당하는 단계이다. 2단계는 안전에의 욕구 단계이다. 여기서는 불안하지 않고, 변동 없는 것, 안정적인 것을 추구하는 욕구의 단계이다. 3단계는 소속감의 욕구이다. 여기서는 공동체에 대한 소속감과 애정의 욕구를 갈구하는 단계이다. 4단계는 자아존중의 욕구, 인정에의 욕구 단계이다. 여기서는 자기 일에 성공하고, 지위와 명예를 추구하며, 인정받고 존중받고 싶어 하는 욕구의 단계이다. 5단계는 자아실현의 단계이다. 여기서는 자신을 알고, 자신의 잠재력과 능력을 온전하게 드러내어 자기완성을 추구하는 욕구의 단계이다.

매슬로우가 언급한 위의 욕구들은 인간다운 삶을 살아가는 데 있어 반드시 충족되어야 할 욕구이다. 이런 욕구들은 우리가 충족해도 되고 말아도 되는 욕구가 아니다. 누군가는 가지고, 누군가는 가지지 않는 그런 욕구도 아니다. 이 근원적인 욕구가 여러 가지 이유로 충족되지 못할 때 인간다운 삶은 불가능하고, 한 개인이나 사회적 차원에서 큰 문제 상황에 부닥치게 된다. 이런 이유로 근원적 욕구는 인권이나 기본권이라는 이름 아래 강조되고 보호된다. 이 중 아래 단계의 욕구일수록 우선으로 충족해야 할 욕구로, 이 욕구가 충족되었을 때 우리는 자연스럽게 상위 욕구에 눈뜰 수 있다. 사람마다 처해 있는 상황이 다르고 결핍된 욕구가 달라 문제의식 역시 달라진다. 마찬가지로 사회 역시 어떤 욕구가 지배적이냐에 따라 시대적 해결과제가 달라지며 제기하는 사회문제가 달라진다. 결국, 어떤 문제, 어떤 사회문제가 제기되느냐의 문제는 어떤 욕구가 좌절되고 있느냐의 문제와 연관되어 있다. 따라서 사회문제를 발견하고 해결하기 위해서는 인간의 좌절된 근원적 욕구에 대한 깊은 성찰이 필요하다. 그래서 사회적 기업가는 우리 현실에서 우선적으로 만족하고 실현해야 할 욕구는 어떤 것인지? 실현해야 함에도 왜, 어떻게, 누군가에 의해 욕구가 좌절되고 있는지? 욕구를 충족시킬 혁신적인 방법이 있다면 어떤 것이 있는지? 등과 관련한 질문을 깊이 제기할 필요가 있다.

사회적 기업가는 우선 사회적 문제를 발견하고 그 문제의 본질을 성찰할 수 있는 능력을 갖추어야 한다. 그의 비즈니스 모델은 그가 해결할 수 있는 사회문제가 무엇인가에 따라 달라지기 때문이다. 별로 중요하고 시급하지 않은 문제에 대한 비즈니스모델은 사회적 가치를 실현하기가 힘이 든다. 그뿐만 아니라 경제적 가치조차 실현할 수 없다. 중요한 사회적 문제를 발견하고 성찰할 수 있을 때 사회적 기업은 사회문제 해결이라는 본질적 역할을 다할 수 있다. 사회적 기업가는 자기가 해결해야 할 사회적 문제가 얼마나 중요한 결과를 초래하는지를 알면 알수록 사회적기업의 중요한 동력원인 사명감과 책임감을 가질 수 있다. 또한, 사회문제의 발견과 그 문제의 본질적 특성에 대한 깊은 이해는 그 문제가 발생한 다양한 조건과 원인에 대한 깊은 성찰을 가능하게 하여 사회문제에 대한 창의적 해결책을 찾는 데 큰 도움을 준다.

어떤 문제가 사회문제로서 규정되기 위해서는 몇 가지 특징이 있어야 한다(원석조, 2012: 15-24). 우선, 사회적 문제는 많은 사람에게 커다란 해를 끼쳐야 한다. 자기 혼자에게만 손해를 끼치는 문제는 개인 문제이지 사회문제가 될 수 없다. 또한, 개인의 실수로 처한 곤란한 상황은 사회적 문제가 될 수 없다. 그에 반해 지구온난화의 문제는 모든 사람의 삶에 영향을 미칠 수 있다는 점에서 사회적 문제이다.

그러나 단순히 얼마나 많은 사람에게 손해를 끼쳤느냐에 따라 사회문제 여부가 결정되는 것은 아니다. 예를 들어, 자동차 사고로 죽어가는 사람들이 마약을 먹고 죽어가는 사람들보다 훨씬 더 많지만, 자동차 사고를 사회문제로 보기보다 마약에 의한 약물중독을 더 큰 사회문제로 보는 경향이 이 경우를 잘 말해준다. 사회 문제인지 여부는 객관적 피해 숫자 만에 의해서 결정되는 것이 아니라 다른 요인에 의해서도 결정된다. 몇몇 역사적 사실을 통해 확인할 수 있듯이, 사회적 문제 여부는 다수의 생존을 위협하거나 삶의 질을 떨어뜨린다는 사실 자체만으로 결정되지 않은 경우가 많았다. 다수의 흑인이 차별받았지만, 그 큰 숫자가 사회문제로 등장하는 데 큰 힘을 발휘하지 못했던 시대가 있었다.

그래서 사회문제 여부는 다수에게 끼친 피해만이 아니라 영향력 있는 집단이 사회문제라고 규정하는가에 따라서도 결정된다. 권력 집단의 이해와 가치를 침해할수록 주어진 문제는 사회문제가 될 가능성이 커진다. 문제 되는 주장이 권력 집단의 이해를 침해하는 순간 그 주장은 사회문제로 공론화되기 힘들다는 것을 우리는 역사 속에서 수없이 확인한다. 이때 영향력을 가진 집단이란 단순히 인원의 숫자만으로 결정되는 것은 아니다. 역사적으로 많은 여성이 성차별을 받았고, 흑인들이 인종차별의 고통을 겪었지만, 그 당시에 차별 자체는 사회문제가 되지 못했다. 오히려 그 차별에 정당하게 저항한 여성과 흑인들의 행위가 사회문제로 여겨졌다. 여성과 흑인의 힘이 세지고 연대하게 될 때 그들의 어려움과 그들의 문제도 사회문제로 공론화될 수 있었다. 이처럼 그 집단의 영향력, 권력 여부가 주어진 문제를 사회문제로 이슈화시킬지를 결정하였다. 소수의 여론 주도자나 전문가 집단에서 여론을 형성하고 사회문제를 규정하고 있다는 점을 보더라도 권력의 정도와 사회문제 공론화 여부는 밀접한 연관이 있다.

다음으로 사회적 문제는 인간에 의해 해결할 수 있는 문제여야 한다. 어떤 문제가 인간이 해결할 수 없는 문제라면 그 문제가 많은 고통을 초래하더라도 사회문제가 될 수 없다. 따라서 사회문제는 집단의 노력을 통해 해결할 수 있는 문제여야 한다. 큰 손해를 끼치는 천재지변의 발생을 사회적 문제로 여기지 않는 이유도 우리가 집단적 노력을 통해 발생 여부를 막을 수 없기 때문이다. 죽음과 늙음을 우리의 힘으로 해결할 수 없다는 점에서 우리는 그것을 사회문제라고 여기지 않는다. 그 문제가 최소한 사회 구조, 제도, 시스템과 연관된 문제이며 여러 사람에게 해를 끼치며 다수의 노력으로 해결할 수 있을 때 그것은 사회문제로 규정될 수 있다.

또한, 사회문제는 상대적 성격을 띠고 있다고 한다. 그래서 시대에 따라 사회문제가 달라지곤 한다. 과거에 사회문제로 여겨진 것이 오늘날에는 사회문제가 아니며, 반대로 과거에는 사회문제로 보지 않은 것이 오늘날에는 중요한 사회문제로 등장하기도 한다. 과거에 가정폭력은 개인 가정의 문제로 사회문제가 아니었다. 하지만 오늘날에는 가정폭력을 사회문제로 여긴다. 사회문제를 규정함에는 인간의 욕망, 권력관계, 가치관, 시대적 상황 등이 개입되고, 그것들의 끊임없는 변화와 맞물려 사회문제가 달리 규정된다. 그래서 그 시대가 규정한 사회문제가 어떤 것이었는가를 잘 살펴본다면 그 시대의 지배적인 가치관뿐만 아니라 권력관계, 지배적인 욕망의 성격을 엿볼 수 있다. 기존의 사회문제에 함축되어 있고, 관계되어 있는 것을 잘 볼 수 있는 통찰력이야말로 사회 문제 해결을 통해 사회적 가치를 실현하고자 하는 사회적 기업가가 지녀야 할 중요한 능력이다.

사회 문제를 해결하기 위해서는 정확한 원인 진단이 중요하지만, 현실에서는 그와 관련해서 많은 논쟁이 일어난다. 주어진 문제가 사회문제라는 사실에는 이견이 없는데도 불구하고 그 문제를 해결하는 데

합의를 보지 못하는 이유는 문제 해결을 위한 원인분석과 해결책 제시에 있어 다양한 견해가 존립하기 때문이다. 현실에서는 무엇을 문제의 더 근원적 원인으로 설정하는가에 따라 문제의 해결책이 달라진다. 심지어 같은 원인 분석을 했는데도 여러 가지 이유로 다른 해결책이 서로 대립할 수도 있다. 물론, 같은 사실을 수용하면서도 다른 결과 분석도 충분히 예상할 수 있다.

사회문제를 해결하기 위해서는 단순히 문제 발생의 외적 조건을 분석하고 그 조건만을 변화시키는 것으로는 부족하다. 사회적 문제를 해결하기 위해서는 문제 발생의 외적 조건에만 주목하는 것이 아니라 사람들의 권력의지, 욕망, 가치관, 신념들과 같은 주관적 요인들도 고려해야 한다. 현실에서는 이 두 가지 요인들의 상호작용으로 사회문제가 발생한다. 따라서 사회문제를 깊이 이해한다는 것은 사회문제 여부를 결정짓는 외적 요인과 주관적 요인을 동시에 잘 파악하는 것이다. 그래서 사회문제를 해결하기 위해서는 문제를 유발하는 외적 조건을 변화시키려고 할 뿐만 아니라 주관적 요인의 변화를 가져오려고 노력해야 한다.

사회문제의 유형과 관련해서는 다양한 학자들의 다양한 분류 방식이 제기되고 있다. 오늘날 사회문제로 논의되는 것들을 나열하면 다음과 같다.

> 부·권력문제/글로벌 불평등/환경문제/도시문제/인구문제/노령화/인종문제/빈곤/성차별/고용문제/동성애/교육문제/가족문제/보건의료문제/폭력·테러리즘/범죄·비행/과학기술문제/약물·알코올/정신질환/성매매·포르노그래피/핵무기/자원갈등/성폭력/농업문제/종교문제

위에서 언급한 사회 문제 중 사회에 따라 중요하게 여기는 것도 있

고 아직은 그 사회에서 중요한 문제로 드러나지 못하는 문제도 있다. 예를 들어 우리 사회에서 인종 문제는 중요한 사회문제가 아니지만, 미국사회에서는 중요한 사회문제로 여겨진다. 사회문제는 새로운 사회변동과 함께 새롭게 설정될 뿐 아니라 가치관의 차이에 따라 그 설정이 달라질 수 있다. 그래서 사회문제를 분류하는 방식에서도 학자마다 차이가 있다.

대표적으로 "현대사회문제론"(Contemporary Social Problems)에서 Merton과 R.Nisbet은 사회문제를 일탈 행위와 사회해체의 두 가지로 유형화했다.

> 일탈행위: 범죄, 비행, 성매매, 동성애, 정신질환, 약물중독, 알코올중독
> 사회해체: 노동문제, 도시문제, 지역사회 해체, 인구문제, 불평등, 노령화, 성역할, 인종문제, 가족해체, 빈곤문제, 집단폭력

사회적 기업가는 위에서 언급한 사회적 문제를 중심으로 비즈니스 모델을 추진함으로써 사회적 문제를 해결하고 궁극적으로 사회적 가치와 경제적 가치를 동시에 추구할 수 있도록 노력해야 한다. 그러기 위해 사회적 기업은 우리 사회가 직면한 중요한 사회문제가 어떤 조건에서 사회문제로 등장하게 되었는지 잘 살펴보아야 하며 사회문제의 본질적 특성과 그 원인을 잘 통찰하여 사회문제를 남다르게 창의적으로 해결할 수 있어야 한다.

2. 현대사회 변동의 원인과 사회문제

한국사회가 직면한 사회문제는 시기마다 그 성격을 달리해왔다. 해방 후 우리 사회가 해결해야 할 일차적 과제는 해방의 혼란 속에서 생존의 문제를 해결하는 것이었다. 60년대부터 시작된 경제개발은 국가에 의해 몇몇 기업에 대한 집중적 지원과 몇몇 기업의 독점적 특혜 속에서 이루어졌고, 추후 대기업 중심으로 진행되었다. 그 과정에서 대기업과 중소기업 간의 격차는 점점 벌어졌으며 빈익빈 부익부라는 사회 양극화 현상도 초래되었다. 정부 주도로 진행된 급속한 경제성장은 친기업 위주의 정책과 맞물려 노동 소외, 노동 억압과 같은 인권침해 문제를 발생시켰고, 경제발전이라는 이름 아래 민주주의 원칙도 심각하게 침해하였다. 단적으로 1970년 평화시장에서 재단사로 일하던 전태일이 노동자의 인권침해를 고발하면서 분신한 사건은 그 당시 발생한 노동문제의 심각성을 잘 보여준다. 그 당시 노동운동으로 촉발된 학생들과 지성인들의 사회 비판의식은 한국사회의 본격적인 민주주의 운동의 씨앗이 되었다. 1980년, 1990년대의 시대적 갈망과 주요 사회문제는 민주주의 사회의 실현이었다. 그리고 1997년 IMF 외환위기를 맞이하여 한국사회는 실업문제, 비정규직 문제, 사회 양극화와 같은 심각한 경제 사회 문제를 안게 되며, 세계화를 통한 무한한 경쟁 환경 속에서 사회 문제의 심각성은 더해가고 있다.

일반적으로 사회문제는 급격한 사회변동과 더불어 발생한다. 사회변동은 기존의 제도, 정책, 시스템의 한계를 노출하며 여러 사회 문제를 발생시킨다. 새롭게 등장한 사회문제는 그 해결을 위해 기존 사회 시스템의 변화와 새로운 가치관을 요구한다. 기존의 사회 시스템과 그 지배적 이념은 지금까지 그 시대의 문제를 해결하는데 효율적 기능을 했겠지만 급격한 사회 변동 하에서는 오히려 사회문제를 양산하는 요인이 될 수 있다. 그래서 사회문제를 해결하기 위해서는 사회 시스템의 부분적 개선이 아니라 전면적 개혁이 필요할 때도 있다.

그러나 사회문제에 대한 진단과 사회가 나아가야 할 방향, 사회 문제를 해결하는 방식을 놓고서 구성원들 간의 갈등과 대립이 일어나곤 한다. 하나의 사회문제는 또 다른 사회문제와 복잡하게 연관되어 있어 그 해결이 쉽지 않다. 나아가 사회문제에는 가치관의 대립마저 개입되어 있어 해결 과정에서 또 다른 대립과 갈등이라는 사회 문제를 발생시킬 수 있다.

사회문제를 양산하는 사회변동은 몇 가지 거시적인 요인들에 의해 진행된다. 사회변동은 기술적 발전, 새로운 이념의 등장, 사회적 갈등, 생산력과 생산관계의 모순, 그리고 새로운 문화와의 만남 등과 같은 것에 의해 새롭게 발생한다.

먼저 새로운 기술의 발전은 기존 사회의 물질적 토대를 변화시키고 나아가 정치, 경제, 사회, 문화 전 영역에 연쇄적으로 영향을 미친다. 궁극적으로 우리의 가치관과 삶의 방식도 크게 변화시킨다. 인쇄술의 발명, 증기기관의 발명, 전기, 원자력, 교통 통신, 정보통신의 발전이 이루어질 때마다 급격한 사회변동이 진행되었으며, 거기에 맞물려 새로운 사회문제가 발생했다는 것을 우리는 잘 알고 있다. 새로운 기술의 등장은 기존의 문제를 새롭게 해결해주지만, 지금까지 마주하지 못한 새로운 사회문제라는 과제 앞에 직면하게 한다. 기술 발전을 통한 생산력의 증가가 사회 전반에 얼마나 결정적인 영향을 미치는가는 지난 역사를 통해서도 잘 확인할 수 있다. 새롭게 우리가 직면할 사회문제가 무엇인지는 미래에 어떤 기술이 우리 사회에 등장하고 그 영향을 미칠지를 가늠해 봄으로써 예측할 수 있다.

새로운 이념이나 가치관의 등장도 사회변동을 가져오면서 다양한 사회문제를 만들어낸다. 대부분의 경우 기술발전을 통한 생산력의 증대가 문화변동을 불러오고, 그에 맞추어 새로운 이념과 가치관을 불러올 수 있다. 그러나 반대로 특정한 이념이나 가치관이 선제적으로 그 사회 물질문명의 발전을 이끌며 기술발전 속도와 방향을 결정 짓는데 큰 영향을 미칠 수도 있다. 이런 관점을 우리는 프로테스탄티즘의 윤리와 자본주의의 발전을 연관시킨 막스 베버(Max Weber)의 입장에서 잘 확인할 수 있다. 막스 베버는 종교개혁에서 등장한 새로운 신앙이 개인의 역할을 강조하고 나아가 서양의 개인주의 사상이 퍼지는 계기를 마련하였다고 본다. 직업 활동을 신이 부여한 소명 활동으로 여기며 세속적 성공을 구원의 확증과 연결하는 신앙적 믿음은 구성원들을 근검절약하며 열심히 일하게끔 하였으며 이것이 동양이 아닌 서구에서 자본주의가 꽃피울 수 있는 토대를 마련하였다고 본다.

또한, 종교적 신념뿐만 아니라 사회체제, 경제체제와 관련한 상이한 신념도 사회발전을 다르게 가져오는 원인이 될 수 있다. 민주주의라는 이념이 정착됨으로써 기존의 당연시 여겨졌던 많은 비민주적이고, 인권 침해적 요인들이 사회문제로 이슈화되었다. 이 점에서 우리는 새롭게 등장한 지배적 이념이 사회변화의 방향을 결정지을 뿐만 아니라 그 시대 사회문제를 결정하는데도 큰 영향을 미친다는 것을 알 수 있다. 여기서 시대 이념이 바뀌었다는 것은 가치평가의 기준이 달라졌다는 것을 함축하며, 결과적으로 문제를 규정하는 기준이 달라졌다는 것을 의미함으로써 새로운 문제에 대한 규정과 등장이 예측된다.

그리고 사회 변동은 다른 문화와의 접촉을 통해서도 이루어진다. 우리나라 근대화의 시작은 서양의 문화 유입과 관련되어 있듯이 새로운 문화와의 만남은 사회변동의 큰 원동력이 된다. 상이한 문화 간의 접촉은 새로운 문화가 기존의 문화를 잠식하는 동화의 형태이거나 두 개의 문화가 융합되어 새로운 문화가 등장하는 융합의 형태를 띨 수 있다. 아니면 두 개의 문화가 공존하는 문화 병존의 형태를 띠기도 한다. 어떤 형태로든 문화 간의 접촉은 사회변동과 더불어 새로운 사회문제를 등장시킨다. 새로운 문화와의 교류를 통해 발생한 다문화 현상은 전 지구적으로 새로운 삶의 방식과 가치관을 요구하면서 사회 정책의 새로운 변화를 촉구한다.

한국사회에서 사회문제를 유발하는 사회변동의 구체적 예를 몇 가지 들자면, 산업화, 도시화, 세계화, 신자유주의 물결 등이 있다.

한국의 본격적인 산업화는 1962년 경제개발 계획과 더불어 시작되었다. 짧은 시기 급속한 산업사회로의 변모는 한국사회의 많은 부분을 크게 변화시켰다. 산업화를 통한 경제적 번영은 한국을 가난에서 탈출시키고, 삶의 질을 고양했으며 민주주의를 정착시키는 데 긍정적 기여를 했다. 그러나 빛과 그림자는 공존하듯 산업화의 진행은 우리 사회에 많은 문제를 던져주었다.

그 당시 진행된 산업화는 우리 사회 구조를 농업 중심에서 공업 중심, 서비스 산업 중심으로 급속히 변화시켜 새로운 사회문제를 등장시켰다. 농업 사회에서는 대가족 형태가 유지되었으며 가부장적 체제와 공동체적 문화에 기반을 둔 협동적 생산을 해왔다. 그러나 산업화는 수많은 사람이 농촌에서 도시로 직장을 옮기게 하였으며 결국 농촌 인구를 감소시키며 도시에 인구 집중을 유발했다. 가족 형태가 대가족에서 핵가족으로 변화됨으로써 가족의 기능이 변화되며, 결국에는 노인 부양의 문제, 청소년 교육 문제와 같은 사회문제도 유발했다. 대가족 농업 사회에서 노인들은 존중의 대상이었지만 산업화한 사회에서 노인들의 역할은 줄어들며, 핵가족화는 노인들의 고독과 부양 문제를 발생시켰다. 또한, 산업화는 여성들의 경제적 활동을 촉진하여 가정의 교육적 기능을 약화시켰으며 결국 아동 보육문제 및 청소년 문제를 유발하는 원인이 되기도 하였다.

산업화가 불러온 도시화 역시 많은 문제를 유발하였다. 농업 인구의 감소와 도시의 급속한 팽창은 지역균형 발전을 해쳐 농업과 도시지역의 양극화를 초래하였다. 또한, 도시 인구의 지나친 증가는 교통문제, 환경문제, 주택문제, 범죄, 교육문제 등 다양한 문제를 양산하면서 삶의 질을 떨어지게 하였다. 도시화, 핵가족화는 서로 돕는 공동체문화를 급격히 해체하면서 개인주의와 익명성을 심화시켜 사람들 간의 관계를 피상적이고 계약적인 관계로 변질시켰다.

오늘날 한국 사회의 사회변동과 사회문제를 유발하는 중요한 요인으로는 점차 확대해가는 세계화를 들 수 있다. 세계화는 교통, 정보통신 기술의 획기적 발전과 더불어 더 빨리 진행되고 있다. 세계화와 더불어 국가 간의 경계가 사라지면서, 자본과 상품의 교류, 사람들 간의 교류, 문화의 교류가 더욱 진행된다. 세계화를 통해 세계가 하나의 지구촌으로 바뀌었다. 그러나 세계화는 우리에게 많은 변화와 문제를 끊임없이 새롭게 안겨주고 있다.

물론 세계화를 긍정적으로 바라보는 입장도 있다. 현재 세계화는 경제, 정치, 사회, 문화 전 영역에서 이루어지고 있지만, 경제 영역의 세계화가 가장 활발히 이루어지고 있다. 세계화 찬성 입장에서는 각 나라 간의 비교우위에 있는 상품이나 서비스가 전 세계에 자유롭게 판매됨으로써 모든 나라가 긍정적 이익을 얻는다고 본다. 또한, 문화의 교류를 통해 전 세계가 좀 더 다양한 경험과 문화를 누릴 수 있으며, 새로운 창조적 문화를 만들어나가는데 유리한 환경을 가져온다고 본다. 그리고 교류의 활성화는 국가 간의 상호의존과 협력의 필요성을 강화하고, 전 세계적 문제를 해결하기 위한 국가 간의 노력을 결집하는 데 큰 도움이 된다고 본다. 또, 세계화는 선진국의 민주적 가치관과 삶의 방식을 확산시켜 전 세계에 민주주의를 확산시키는데 일조할 것이라는 긍정적 전망도 제기된다.

그러나 세계화는 많은 사람의 희망과 달리 여러 부작용과 사회문제를 양산한다는 점에서 세계화에 대한 반대의 입장이 제기된다. 세계화는 결국 선진국에만 유리한 방향으로 교역이 이루어진다는 반론이 제기된다. 선진국은 값비싼 물건과 기술을 판매하지만, 후진국들은 기껏해야 값싼 농산물과 노동력만을 팔 수 있다. 후진국은 세계화의 영향으로 보호무역을 통한 국내 산업을 보호, 성장시킬 수 없어 선진국 간의 산업 격차가 더 벌어진다. 결과적으로 경제의 영역에서 선진국에 종속되며 양극화가 더 심해지는 문제를 낳는다. 세계화 반대론자들에게 문화에 있어 세계화도 문화의 다양성 확대라는 기대와는 달리 강대국 문화가 획일적으로 전파되어, 지역 문화를 없애고 문화의 다양성을 해치는 문제를 발생시킨다. 그들은 세계화야말로 경제, 문화의 영역에 있어 강대국 논리를 일방적으로 관철할 뿐이라고 비판한다. 또한, 세계화를 통한 다국적 기업의 엄청난 영향력은 국민국가의 역할과 힘을 축소하고 국민과 지역주민의 민주적 결정을 약화, 폐기하며 결과적으로 민주주의를 약화시킨다고 본다. 또한, 세계화는 좋은 것의 세계적 전파가 아니라 질병, 환경오염과 경제위기와 같은 부정적인 것의 세계적 전파를 쉽게 만들어 전 지구적 문제를 더 확산시키는 결과를 가져올 수도 있다.

위에서 살펴보았듯이 산업화, 도시화, 세계화라는 사회 변동이 수많은 사회문제를 발생시키지만, 사회문제를 유발하는 가장 중요한 요인은 가치관 상실과 그 공백이라고 말할 수 있다. 급격한 외부 요인에 의한 사회변동 자체가 새로운 문제를 발생시킬 수 있지만, 그것은 오히려 기회일 수 있다. 서핑보드를 탈 수 있는 사람에게는 파도라는 큰 물결은 두려움의 대상이 아니라 즐김의 대상일 수 있듯이, 새로운 변화를 수용하고 발전시킬 확고한 가치관이 정립된 사회에서는 사회변동 자체가 곧 위기로 연결되지는 않는다. 오뚝이의 무게중심과 같은 역할을 담당하는 건강한 가치관의 존재 여부야말로 한 사회나 개인에 있어 사회문제를 예방하고, 해결하는 데 있어 중요한 역할을 한다. 사회변동이 커다란 위기로 다가오는 것은 그것을 대처할 수 있는 가치나 정신, 태도의 급격한 상실과 공백이 중요한 원인일 수 있다. 가치관의 공백 속에서 외부의 부정적 영향은 클 수 있으며 고통스러운 사회변동이 초래될 수 있다.

우리는 일제에 의한 식민지 강점기 동안 우리의 고유한 문화와 정신을 너무 많이 잃어버렸다. 식민 지배라는 긴 정신적 공백기를 거쳐 갑작스럽게 맞이한 해방 정국에서 서구화의 물결은 우리 사회의 다양한 영역에서 큰 변화를 가져다주었고 주체성의 결여로 뜻하지 않은 많은 문제를 발생시켰다. 특히 북한과 달리 자본주의 경제 질서에로의 편입은 한국이 큰 경제발전을 성취하게 도와주었지만, 급격한 경제발전은 빛만이 아니라 그림자도 동시에 가져다주었다. 지난 세기 경제발전이라는 목표 아래 경제적 가치만을 지나치게 추구함으로써 경제적 가치 이외의 소중한 정신적 가치가 무시되고 훼손되는 결과가 발생하였고, 이에 많은 사회문제를 유발하였다.

현대사회의 문제는 지나친 물질적, 경제적 가치만을 추구하여 건강한 삶에 필요한 정신적 가치를 상실하고 있다는 것이다. 이윤 획득에만 몰두하여 모든 것을 상품화하며 이런 욕망 아래 인간조차 수단화하여 인간성 상실, 인간 소외와 같은 문제를 초래한다. 더 나아가 자연과 생태계조차 이윤확대의 대상만으로 바라보아 환경문제를 유발한다. 신자유주의라는 이념 아래 경제적 자유만이 지나치게 강조되고 경제적 가치만이 최고의 가치로서 추구되어 가치의 다양성이 상실되어 삶의 획일성이 가속화된다. 그러나 새가 한쪽 날개로만 날지 못하듯이 개인이나 사회는 다양한 가치의 균형과 조화 속에서 발전해 나갈 수 있다. 우리 사회의 근본 문제를 해결하려는 중요한 노력은 지나친 경제적 가치만을 추구함으로써 잃어버린 정신적 가치를 회복하는 것으로 시작해야 한다.

가치 실현은 욕구가 충족되었을 때 발생한다는 점에서 어떤 가치를 추구해야 할지는 우선 인간의 본성이 지니는 자연스럽고 본질적인 욕구를 파악하는 것을 통해 가능하다. 주입된 욕구, 만들어진 욕구, 병든 욕구가 추구하는 가치가 아니라 본성적 욕구, 본질적 욕구가 추구하는 가치가 우선으로 우리의 건강과 행복을 위해 추구되어야 한다. 이런 본성적, 본질적 욕구가 사회 구조적으로 실현되기 힘들거나 방해받을 때 사회문제가 발생한다. 물론 무엇이 본성적, 본질적 욕구인가라는 논의에 있어 논쟁이 있을 수 있지만, 일반적으로 주입된 욕구가 아니고, 시대와 역사를 떠나 인간에게 보편적으로 확인되는 욕구, 그 욕구를 충족하지 못할 때 큰 문제를 발생하는 욕구가 본질적, 본성적 욕구라고 볼 수 있다. 매슬로우는 그것을 생리적 욕구, 안전에의 욕구, 사랑(소속)에의 요구, 자아실현의 욕구로 단계화시켜 표현하였다. 매슬로우는 앞 단계의 욕구가 충족되어야 다음 단계에로의 욕구로 활성화될 수 있다는 점을 강조한다. 우리 사회도 해방 후, 생리적 욕구, 안정에의 욕구만을 지나치게 추구하는 과정에서 다른 욕구와 그 욕구를 충족시키기 위한 가치를 상실한 면이 있다. 경제적 성장과 더불어 새로운 욕구가 활성화된 시대에 사회문제는 과거와 달라졌으며 그 문제를 해결하기 위해 우리가 중요시하고 추구해야 할 가치 역시 변하였다.

그러면, 우리가 오늘날 우선으로 추구해야 할 가치와 삶의 태도는 어떤 것인가? 어떤 가치를 회복했을 때 한 개인의 삶이나 사회의 삶이 건강해지는 것일까? 우선 경제적 가치와 같이 제로섬 게임을 유발하는 가치만을 지나치게 강조하는 것이 아니라 함께 공유할 수 있는 정신적 가치를 추구해야 한다. 그리고 더불어 함께와 나눔을 실현함으로써 공동체 의식을 강화해 나갈 필요가 있다. 각자도생(各自圖生)의 사회, 승자독식의 사회, 지나친 경쟁의 사회가 아니라 함께, 더불어 살아가는 사회를 만들어가며, 거기에 필요한 가치와 덕목을 실현함으로써 사회문제를 잘 해결할 수 있으며 미래 사회의 비전을 실현해 나갈 수 있다. 더불어 함께하려는 공동체 의식과 삶의 태도가 사라진 가운데 이루어지는 과학기술 발전, 경제적 발전은 인류의 삶에 끊임없는 문제만을 가져다주는 재앙이 될 수 있다는 사실을 오늘날 누구도 부인할 수 없다. 이런 점에서 사회적 자본을 증진하고, 더불어 함께하는 공동체적 정신과 가치에 기반을 두고 사회 문제를 해결하고자 하는 사회적 기업은 그 역할이 크다고 볼 수 있다.

3. 사회문제 해결을 위한 다양한 접근들

같은 현상이지만 그것을 바라보는 방식에는 큰 차이가 있을 수 있다. 어떤 사람에게 그 현상은 큰 문제로 여겨지지만, 누군가에게는 그것은 문제가 아닌 자연스러운 현상으로 받아들여질 수 있다. 시급하게 해결해야 할 문제라고 동일하게 여겼지만 문제의 발생 이유를 다르게 진단해 문제에 대한 해결책이 달라질 수 있다. 빈곤, 불평등의 원인을 어떻게 바라보느냐에 따라 그 해결책이 달라진다. 누군가에게 빈곤과 불평등의 원인은 개인의 무능력과 게으름일 수 있지만 누군가에게는 부당한 권력행사의 결과일 수 있다. 사회문제에 대한 다양한 원인분석과 해결책의 제시는 사회문제를 바라보는 다른 관점에서 발생한다. 사회문제를 바라보는 대표적인 사회학적 관점은 크게 기능주의적 접근, 갈등 이론적 접근, 상호작용 이론적 접근 방식이 있다(박철현, 2014: 31-45).

1) 기능주의적 접근과 그 해결책

사회와 개인의 관계를 바라보는 관점으로 사회는 개인들의 집합에 불과하며 개인을 중심에 두는 사회 유명론적 입장과 사회는 개인들의 집합 그 이상을 의미하며 사회 자체를 실체로 여기는 사회 실체론적 입장이 있다. 이중 기능주의적 접근은 사회 실체론적 입장에 서 있다. 또한, 기능주의적 입장은 사회를 유기체와 같은 것으로 이해하는 사회 유기체론의 입장과 가깝다. 기능주의적 입장에서 볼 때 사회 전체는 다양한 부분이 각자의 기능을 도맡고 있으며 각각의 부분은 서로 영향을 주는 방식으로 조화로운 관계를 맺고 있다. 사회는 유기체처럼 유지되는 것으로 이해한다. 문제가 발생했다는 것은 특정한 부분이 제 기능을 다 하지 못했다는 것을 의미한다. 부분의 역할을 다하지 못할 때 관계의 부조화가 발생하며, 부분 간의 문제 발생뿐만 아니라 전체의 불균형이라는 사회 문제를 가져올 수 있다.

기능주의적 입장에서 문제와 갈등이 발생했다는 것은 사회의 특정 요소가 자신의 기능을 다 하지 못해 비정상적 상황이 초래되었다는 것을 의미한다. 우리의 몸이 비정상적 상태에 빠지게 되면 몸은 원래의 건강한 정상적 상태로 복원되려고 하는 것처럼 비정상적 사회 상황 역시 정상적 사회 상황으로 복원되고자 한다. 애당초 문제와 갈등을 비정상적으로 바라본다는 점에서 기능주의적 입장은 갈등 이론적 접근방식과 차이가 있다. 기능주의적 입장은 문제와 갈등을 기능 작동에서의 문제, 역할 책임을 다하지 못한 데서 오는 문제로만 바라봄으로써 권력관계에 의해 발생하는 갈등과 사회문제를 직시하지 못한다는 비판을 받고 있다.

사회문제를 해결하는 방식으로 급진적 방식을 제기하는 입장이 있다. 문제가 되는 사회 문제는 다른 근본적 문제와 연관되어 있으므로 주어진 현상적 문제만을 해결해서는 안 된다는 점에서 근본적 변화, 즉 전체 변혁을 추진하고자 한다. 그러나 이 입장은 근본적 변혁과 혁명을 추구하는 과정에서 새로운 문제를 발생시킬 수 있다는 점에서 비판받는다. 이와 반대로 기능주의적 입장은 점진적 개혁을 지지한다. 사회 자체는 항상성을 유지하려고 하며 문제가 발생했을 때 본래의 정상적 상태로 되돌아가려는 움직임이 자연스럽게 일어난다고 본다. 사회 문제를 특정한 제도나 개인의 역할이 제대로 작동하지 못한 것에서 발생했다는 점에서 그 부분을 개선하면 사회는 원래의 정상적 상태로 되돌아갈 수 있다고 본다. 문제가 되는 부분만 제대로 그 역할을 회복하면 된다는 입장이다. 특히 개인의 역할이 제대로 이행되지 못해 발생한 문제는 재사회화를 통해 본래의 역할 이행을 다 하게 만들 수 있어야 한다. 기능주의적 입장에서는 사회문제를 해결하는 방식으로 교육을 통한 재사회화의 역할을 크게 강조한다.

기능주의 입장에서 사회문제를 바라보는 하위 이론으로 사회해체론의 입장이 있다. 사회해체론이 전제하는 건강한 사회는 안정된 질서 아래 사회의 각 부분이 그 기능에 있어 제 역할을 하며 전체적 균형과 조화를 이룬 상태이다. 따라서 사회문제는 질서를 뒷받침하는 규칙이 외부 변동 때문에 기능을 다 하지 못하거나 규칙이 해체됨으로써 발생한다고 본다. 급속한 외부변동은 기존의 규칙이나 정책의 기능을 무력화시킬 수 있다. 또한, 다양한 규칙, 다양한 가치의 등장은 가치관의 혼란, 정체성의 혼란을 가져오며 결과적으로 기존 규칙의 무력화를 가져와 사회해체라는 문제를 유발할 수 있다. 사회해체론적 입장은 사회가 통제의 기능과 교육의 기능을 다시 회복함으로써 사회문제를 해결할 수 있다고 본다.

기능주의적 입장은 기존 사회가 안정적이며, 질서 있게 돌아갈 때 부분적으로 발생한 문제를 해결하는 관점으로서는 의미가 있을 수 있다. 그러나 사회의 질서와 안정을 지나치게 강조함으로써 갈등 자체를 보수적으로 바라본다는 비판을 받는다. 또한, 사회문제 발생의 그 근저에 놓여 있는 권력관계를 주목하지 못함으로써 잘못된 진단과 해결책을 가져올 수 있다는 비판이 제기된다(지은구 외, 2015: 40).

2) 갈등주의적 접근과 그 해결책

사람에 따라 건강한 사회를 이해하는 방식이 다르다. 누군가는 통일된 가치와 신념에 따라 질서 있게 유지되는 사회를 건강한 사회라고 이해한다. 그런 사회에서는 사회를 구성하는 제도, 규범들은 각자의 기능을 충실하게 이행하며, 사회를 구성하는 개인들도 자신의 역할과 책임을 다하고 있다. 사회를 구성하는 다양한 요인들이 각자의 기능을 다 하지 못할 때 다른 요인들의 기능과 역할에 영향을 미치고, 결과적으로 사회 전체의 균형 상실을 불러올 수 있으며, 이에 따라 사회문제가 발생할 수 있다. 이런 의견은 앞에서 살펴본 기능주의의 기본 주장이다.

이에 반해 갈등주의에서 이해하는 사회는 끊임없는 이해관계의 충돌이 일어나는 곳이며 대립과 갈등이 수시로 발생하는 곳이다. 그들에게 갈등은 예외적인 사태가 아니라 사회 속에 이미 내재하고 있는 것으로 우연적인 것이 아니라 필연적인 것으로 이해된다. 갈등주의자들에게 사회문제는 사회를 구성하는 요소들의 기능상의 문제라기보다, 비합리적인 권력행사를 통한 억압과 착취 때문에 발생한 문제이다.

갈등주의의 입장에서 사회를 작동시키는 제도, 법, 규범은 특정한 계층과 계급의 이해관계를 더 담보할 수 있고 그래서 사회의 합리적 질서를 유지하는 기능을 한다기보다 오히려 불평등과 불공정함을 유지하는 부정적 역할을 할 수 있다. 사회문제는, 왜곡되고, 비합리적 방식으로 희귀자원을 배분하고, 비합리적 권위와 권력을 유지하기 위한 과잉 억압과 통제 때문에 발생한 것이다.

그래서 갈등주의적 입장에서 사회문제를 해결하기 위해서는 왜곡되고 정의롭지 못한 권력 작동방식을 지탱시키는 사회구조와 체제를 없애야 한다. 그러기 위해서는 부당하게 대접받는 사람들의 연대가 중요하다. 동일한 문제의식을 지닌 사람들끼리 함께 사회구조를 변화시킴으로써 합리적 시스템이 작동될 수 있다. 합리적 시스템이란 그 사회의 갈등을 올바르게 관리해주고, 갈등이 파괴적인 방식이 아니라 생산적인 방식으로 작동하게 도와줄 것이다. 갈등주의적 관점은 사회문제 배후의 권력관계를 직시하고, 거기에 대응함으로써 왜곡된 현실에서 발생하는 많은 문제를 해결하게끔 도와준다. 그러나 사회의 안정성과 통일성 유지를 위한 노력을 등한시할 수 있다는 비판을 받고 있다(지은구 외, 2015: 45).

3) 상징적 상호주의와 그 해결책

기능주의와 갈등주의는 거시적 관점에서 사회문제를 바라보고 해결하려고 노력한다. 그에 반해 상징적 상호주의는 미시적 관점에서 사회문제를 바라본다. 사회문제는 상호 간의 상징적 의사소통이나 의미부여라는 상호관계를 통해 설정된다고 본다. 문제의 설정 자체가 객관적 요인에 의해서만 결정되는 것이 아니라 상호 간의 의사소통의 결과라고 보는 것이다. 다시 말해, 무엇이 정상이고 비정상인지, 무엇이 문제인지가 객관적으로 결정되는 것이 아니라는 것이다. 또한, 특정한 행위의 정체성뿐만 아니라, 행위를 하는 자가 어떤 자인지는 의미 있는 타자와의 관계 속에서 정해지고, 그러한 낙인(烙印)은 그가 어떤 사람으로 행위를 하고 살아갈지에 큰 영향력을 미친다(지은구 외, 2015: 49).

문제 있는 행동과 문제 있는 인간으로의 낙인은 부정적 의미를 상징적으로 부여한 결과일 수 있다. 행위 자체가 문제가 있다기보다, 특정한 이해관계나 관습에 의해 어떤 행위와 특정인을 문제시하고 차별함으로써 사회는 정상과 비정상이라는 구분을 끊임없이 만들어낸다. 어떤 사회이든 정상과 비정상이라는 이분법적 구분을 만들고, 비정상을 만들어냄으로써 정상을 더욱 공고히 하고, 거기에 기반을 둬 사회를 유지하고자 한다. 잘못된 낙인, 부당한 낙인, 심지어 일리 있는 낙인이라도 낙인 자체는 문제 되는 행위를 더욱 강화하고, 사람들이 그들만의 범죄적 문화 속에서 끊임없이 사회와의 갈등을 초래하게 한다. 결과적으로 문제 행위를 고치는 방법은 부당한 낙인을 철회하는 것이다. 낙인은 오히려 문제를 악화시킬 따름이다. 문제 되는 행위를 개선하는 방법은 오히려 긍정적인 평가를 해 줌으로써, 자존감을 회복하게끔 도와주며, 새로운 변화된 삶을 의욕 할 수 있게끔 도와주는 것이다. 그래서 사람들의 인식을 제고하기 위해 노력할 필요가 있다. 캠페인 운동이 필요한 이유가 여기에 있다. 상징적 상호주의에 입각하자면 우리 사회에 통용되는 수많은 상징 자체의 역할과 기능에 주목해 문제가 되는 상징을 개선하고 그러한 노력을 통해 개인들의 삶을 긍정적으로 변화시키려고 노력할 필요가 있다.

4. 사회적 기업이 관심 가지는 대표적 사회문제와 극복 방안

1) 불평등과 관련한 사회문제와 극복 방안

불평등이란 부, 명예, 권력 등 누구나 가지고 싶어 하는 것이 어떤 사람은 너무 많이, 어떤 사람은 너무 적게, 또 다른 사람들은 전혀 가지고 있지 못할 때 발생하는 현상이다. 불평등과 관련한 다양한 관점이 제기된다. 혹자에게 불평등은 사회를 유지하기 위해 어쩔 수 없이 감수해야 할 일이다. 불평등은 개인 능력의 차이에 의해 필연적으로 일어날 수밖에 없다는 입장이다. 심지어 사회가 책임과 자원을 효율적으로 배분함에 불평등은 기능적인 역할을 한다고 본다. 가장 재능을 많이 발휘한 사람이나, 힘들고 어려운 일을 감당하는 사람에게 더 많은 자원을 배분함으로써 구성원들의 노력을 끌어내고, 누군가가 감당해야 할 힘들고 책임 있는 역할을 도맡게 만든다는 점에서 불평등은 그 자체 사회를 유지하는 데 없어서는 안 되는 필연적 기능을 담당하고 있다는 것이다.

그에 반해 불평등의 원인을 한 개인의 무능력이나 잘못이 아니라 사회가 구조적으로 그 현상을 유지, 양산하는 결과로 보는 입장이 있다. 타고날 때부터 각자의 재능과 각자가 처한 환경이 다름에도 그 차이를 그대로 내버려두고, 오히려 작은 차이를 확대 재상산하는 사회에서 발생하는 불평등은 개인의 무능력과 잘못으로만 설명할 수 없다. 그런 점에서 한국 사회의 불평등 심화는 사회적 문제로서, 우리 사회가 함께 해결해야 할 중요한 문제이다.

우리 사회의 불평등을 사회문제로 규정하고 그것이 초래하는 여러 가지 부정적 문제를 시급히 해결해야 할 이유는 한국 사회의 양극화 정도가 점점 더 심해지고 있기 때문이다. 사회 불평등이 더 심해질수록 사회통합은 힘들어진다. 불평등은 구성원 간의 불신을 초래하며 분열과 갈등을 초래한다. 결과적으로 사회적 자본인 신뢰가 크게 손상되고 그 대가로 큰 사회적 비용을 감당해야만 한다. 사회 불평등은 사회적 협력과 통합의 손실을 줄 뿐만 아니라 구성원들의 행복감을 손상하는 결과도 가져온다. 불평등은 소외감뿐만 아니라 상대적 박탈감을 크게 증대시켜 정신적 고통을 가중시키며, 더 나아가 신체적 건강까지 위협하는 지경에 이른다(황선재, 2015: 19). 불평등이 심한 사회일수록 자신의 삶에서 불행을 느끼는 사람이 많을 뿐만 아니라 그로 인해 자살하는 사람들이 늘어난다. 우리 사회는 외환위기 이후 사회적 양극화가 더 크게 벌어졌으며 그에 따라 자살률도 점점 더 높아지고 있다. 그런 결과 OECD 국가 중 한국은 수년간 자살률 1위를 차지하고 있다. 양극화는 삶의 질을 하락시킬 뿐만 아니라 생명을 단축하는 부정적 결과도 양산하고 있다.

사회문제로서 지나친 불평등은 정의(正義)라는 가치를 훼손한 결과일 수 있다. 우리가 극복해야 할 불평등은 부정의, 불공정함의 결과이다. 우선 불평등을 극복하기 위해서는 정의라는 가치를 소중하게 생각해야 한다. 정의는 각자에게 그의 응분의 몫을 누리게 할 때 실현할 수 있는 가치이다. 그것은 상이든, 벌이든 그가 받아야 할 마땅한 몫이 나누어질 때 실현되는 가치이다. 그러나 그 응분의 몫을 나누는 기준이 논란이 된다. 서로 상이한 기준을 들이대며 그것을 기준으로 응분의 몫을 정하고자 한다. 그래서 똑같이 정의를 실현하고자 하더라도 그 방향이 서로 다를 수 있다. 그러나 그것보다 더 큰 문제는 누구나 정의롭지 못하다고 생각하는 사회현상이나 제도조차도 여러 가지 이유에서 극복하지 못하고 있다는 사실이다. 이 점에서 볼 때 부정의함은 기준의 애매성에서 오는 문제라기보다 자신의 부당한 이익을 극대화하려는 비합리적 욕망과 그것을 제어하는 브레이크 장치의 고장이 초래한 문제일 수 있다.

우리는 불평등을 여러 영역에서 확인할 수 있다. 경제의 영역, 문화의 영역, 정치의 영역, 교육의 영역 등 다양한 영역에서 불평등을 본다. 이중 경제적 불평등은 우리 사회가 우선으로 직면하고 해결해야 할 불평등이다. 경제적 불평등은 다양한 영역에 영향을 미친다는 점에서 우선으로 해결해야 한다. 경제적 불평등을 내버려두면 정치의 영역에서 민주주의도 위기 상황에 부닥칠 수 있다. 오늘날 경제의 논리가 모든 영역에서 큰 힘을 발휘하고 다른 영역의 고유한 논리를 강탈, 대체하는 면이 있다는 점에서 경제적 정의는 우선으로 우리가 추구해야 할 정의이다.

정의를 실현하기 위해 불평등을 극복해야 한다고 말하지만, 현실 속에서는 그리 간단한 문제가 아니다. 불평등을 해결하기 위해서는 오히려 건강한 불평등을 유지할 필요가 있다는 역설적인 주장조차 제기되기 때문이다. 정의의 실현은 잘못된 불평등의 극복이지 불평등 자체를 부정하는 것은 아니라는 주장이다. 획일적으로 불평등을 비판하고, 없애려고 할 때 오히려 부정적인 불평등은 없어지는 것이 아니라 더 심해질 수 있다는 것이다. 자본주의의 시장 경제를 지지하는 논변 중에서 이런 입장을 우리는 많이 접할 수 있다. 업적의 차이, 능력의 차이, 노력의 차이를 반영할 때 서로 간의 차이가 발생해 불평등이 심해지는 것 같지만, 오히려 건강한 불평등을 허용할 때 사회가 더 발전하게 되며, 경제적 성장과 더불어 많은 영역에서의 가치 향유와 관련해 평등함이 더 실현될 수 있다는 입장이다. 경제적 발전과 더불어 과거 소수의 사람만이 향유하던 것을 오늘날 많은 사람이 같이 누린다는 사실을 통해서 불평등의 허용이 장기적으로 다양한 영역에서의 평등을 실현할 수 있다는 것이다. 그러나 이런 주장과는 달리 경제적 영역의 불평등은 다른 영역의 불평등을 더욱 심화시키는 방식으로 그 차이를 심화시키며, 더욱 심각한 불평등을 초래할 것이라는 주장도 제기된다.

불평등을 극복할 다양한 방안으로 크게 4가지 노력이 제시될 수 있다. 하나는 불평등이 발생하더라도 계속해서 성장을 지속시켜 나간다면 궁극적으로 평등한 삶을 실현할 수 있다는 입장이다. 파이를 크게 하면 나눌 것이 많아지게 되고 결과적으로 불평등을 완화할 수 있다는 입장이다. 이와 관련된 이론이 낙수효과(Trickle down effect) 이론으로, 이에 따르면 가난한 사람들에 대한 분배보다 가진 자의 성장과 몫을 우선으로 커지게 할 때 실질적으로 불평등과 가난을 극복할 수 있다고 본다. 부자들이 더 큰 성장의 과실을 누릴 수 있게 할 때 그들만의 향유가 아니라 결과적으로 사회 전반에 더 큰 효과를 발생시키며, 가지지 못한 사람들도 더 큰 이익을 누릴 수 있다는 이론이다.

불평등을 극복하는 다른 방안으로 소득분배의 불평등을 해소하자는 입장이 있다. 한 사회의 불평등은 재산소득의 불평등과 임금소득의 불평등으로 나눌 수 있지만, 우선 우리 사회가 극복해야 불평등은 임금소득의 불평등이라는 주장이 있다(장하성, 2016: 265). 이 입장에서는 소득 자체의 분배가 우선 정의로워야 한다는 것이다. 대기업과 중소기업에 종사하는 사람들의 소득 차이를 더 줄여나감으로써 원천적인 소득 불평등을 줄일 수 있어야 한다. 사회복지 예산이 더욱 증대함에도 불평등 현상이 줄어들지 않는 이유는 원천적인 분배 자체가 왜곡되었기 때문에 재분배의 효과가 나타나고 있지 않기 때문이다(장하성, 2016: 29).

또, 다른 방안으로 분배 정책을 넘어서 재분배 정책을 통해 적극적으로 불평등을 완화해야 한다는 의견이 있다. 이 입장은 사회복지제도를 통해 불평등을 실질적으로 극복하고자 한다. 원천적 분배에 있어 불평등을 없애려고 노력한다고 해서 사회 불평등을 없애는 것은 한계가 있기 때문이다. 소득분배의 조정을 통한 불평등 해소의 효과는 임금 노동을 하는 사람에게만 해당하며, 여러 가지 이유로 직업 없는 사람들은 제외된다. 설사 원천적 소득 분배 차원에서 정의로운 분배가 이루어졌더라도 시간이 흘러 새로운 교류를 통해 새로운 불평등이 끊임없이 발생할 수 있다는 점에서 재분배를 통한 불평등 완화는 지속해서 고려되어야 한다.

마지막으로, 성장을 통한 평등 실현, 분배를 통한 평등 실현, 재분배를 통한 평등 실현 그 각각도 한계와 문제점을 노출한다는 점에서 진정한 불평등 극복은 공동체 의식을 회복함으로써 가능하다는 입장이다. 공동체 의식을 통해 서로를 배려하고, 함께하려는 정신의 회복을 통해 불평등은 극복될 수 있다. 공동체적 의식에 기반을 둔 사회적 기업에 우리가 기대를 걸고 있는 것도 여기에 있다.

진정한 평화는 전쟁이 없는 것이 아니라 정의가 실현되었을 때 가능하다는 말이 있다. 정의가 실현되지 않은 사회는 각자의 응분의 몫이 인정되지 않는 사회로, 그 자체가 이미 인간의 존엄성을 실현하지 못하는 사회이다. 인간의 존엄성을 훼손하는 사회에서, 인간은 다른 인간을 수단과 도구로서 대하며, 신뢰를 잃어버린 대가로 끊임없이 발생하는 갈등과 대립은 평화를 훼손한다. 진정한 평화와 인간다운 사회는 비합리적인 불평등이 극복된 정의로운 사회를 통해서 가능할 수 있다. 사회적 기업은 한국 사회의 불평등 문제와 정의실현에 관심 기울이고 이런 사회문제를 해결하려고 노력함으로써 인간 존엄성과 평화를 확대하는 의미 있는 역할을 하고자 한다. 취약계층에게 새로운 일자리를 제공하고, 사회서비스를 제공하려는 노력 자체가 사회 불평등을 해소하려는 적극적 노력이다. 불평등의 해결을 단기간의 시혜가 아닌 취약계층의 지속적인 경제활동을 통해 해결하고자 한다는 점에서 정부가 주도하는 불평등 해소 노력의 한계를 사회적 기업은 창조적으로 극복하고자 한다.

2) 빈곤, 노동과 관련한 사회문제와 극복 방안

일반적으로 빈곤을 이야기할 때 경제적 빈곤만을 염두에 두는 경향이 있다. 그러나 오늘날 빈곤이라는 개념은 경제적 영역 이외에 사회, 문화 영역에서의 빈곤까지 포함한다. 그런데 추상적 개념으로 빈곤을 어떻게 이해하느냐에 따라 다양한 빈곤 정의가 가능하며, 빈곤 여부를 결정짓는 빈곤선을 다르게 설정할 수 있다. 빈곤과 빈곤선을 어떻게 규정하느냐에 따라 빈곤 정책의 방향과 정책 대상이 달라질 수 있다는 점에서 빈곤 규정에 대한 세부적 논의와 그에 따른 빈곤선 설정은 빈곤 극복에 앞서서 중요하게 물어야 할 문제이다(김윤태 외, 2015:175).

사전적으로 볼 때 빈곤이란 기본적인 욕구가 충족되지 않은 상태를 말한다. 기본적인 욕구를 육체적 생존에 필요한 욕구에만 국한할지, 아니면 인간다운 삶을 살아가는 데 필요한 욕구까지도 포함할지에 따라 빈곤 이해가 달라질 수 있다. 인간다운 삶을 살아가는 데 필요한 욕구까지도 기본적 욕구로 삼을 때는 심리적 욕구, 사회적 욕구, 문화적 욕구까지도 빈곤을 규정할 때 포함해야 한다. 그러나 여러 빈곤 중에 경제적 빈곤은 다른 빈곤을 불러올 수 있다는 점에서 시급한 사회문제로 해결해야 한다.

경제적 빈곤은 최소한의 인간다운 삶도 살아가지 못하게끔 만든다는 점에서 중요하게 해결해야 할 사회 문제이다. 특히 경제적 빈곤이 개인의 잘못이 아니라 사회의 구조적 변동이나 개인적인 불운에 의해 발생한 경우 더욱 그렇다. 설사 그 가난이 개인에 의해 초래되었더라도 최소한의 생계에 대한 보장은 더불어 살아간다는 차원에서 사회가 제도적으로 해결할 수 있어야 한다. 빈곤에 대한 최소한의 안전망을 복지라는 이름으로 마련할 때 모두가 두려움 없이 자유롭게 도전할 수 있고 신뢰관계 속에서 창조성을 발휘할 수 있다. 그런 점에서 빈곤에 대한 안전망은 우리 모두의 안전망으로 의미 있는 역할을 할 수 있다.

우리는 빈곤을 크게 절대적 빈곤, 상대적 빈곤, 주관적 빈곤으로 나누어 살펴볼 수 있다(김수현 외, 2013: 21-28). 절대적 빈곤은 육체적 생존 자체가 문제가 되는 빈곤이라면, 상대적 빈곤은 그 사회의 평균 소득을 기준으로 해서 한참 아래에 있어 상대적 박탈감을 느끼는 상태의 가난을 의미한다. 그리고 주관적 빈곤은 자신의 주관적 평가에 기초해 그 자신이 느끼는 빈곤이다. 남들이 보기에는 부유하지만 그 자신은 주관적 빈곤에 시달릴 수 있다. 사회 발전의 정도에 따라 빈곤에 대한 대처는 절대적 빈곤을 넘어 상대적 빈곤, 더 나아가 주관적 빈곤까지 포함한다.

한국 사회에서 빈곤을 발생시키는 가장 큰 요인 중의 하나는 실업이다. 여러 가지 이유에 의해 일하고 싶어도 일할 수 없을 때 우리는 최소한의 생존의 욕구조차 충족시키지 못하는 빈곤 상황에 처해질 수 있다. 그런 점에서 빈곤 탈출은 우선 일자리 마련을 통해 시도되어야 한다. 오늘날 직업은 단순히 먹고 사는 문제만 해결하는 것이 아니라 사람들과의 사회적 만남을 통해 자신을 확인할 기회를 제공하며, 자기 성취감의 즐거움을 느끼게끔 도와준다. 최종적으로 직업 활동은 개인의 자아실현, 자아 완성을 가능하게 한다.

이처럼 노동의 의미 있는 역할을 생각한다면 실업상태는 한 개인에게서 너무나 많은 것을 빼앗는다. 실업은 단순히 한 개인을 넘어, 한 가정의 파괴를 초래할 수 있다. 또한, 개인의 능력을 활용할 수 없게 만들어 국가적 차원에서도 생산성의 약화라는 부정적 결과를 가져온다. 게다가 개인의 실업상태는 수요를 감소시켜 기업의 생산 활동을 축소하며 경제 불황을 가져올 수 있다. 마침내 국가는 실업에 대처하기 위한 복지재정의 급속한 증가로 재정적 어려움에 부닥칠 수 있다. 실업이 미치는 연쇄적인 부정적 결과를 고려할 때 실업은 한 개인만의 문제가 아니라 사회의 큰 재난으로 연결된다는 점에서 중요하게 해결해야 할 사회문제이다.

실업은 그 발생 원인에 따라 마찰적 실업, 경기적 실업, 구조적 실업, 계절적 실업 등으로 나누어진다. 마찰적 실업은 더 나은 직장을 구하기 위해 현재 스스로 실업 상태를 잠정적으로 선택한 경우로서, 이런 실업을 막기 위해서는 구직자와 회사를 새롭게 연결해주는 정부 기관의 역할이 중요하다. 경기적 실업은 경제가 불황기에 처하게 될 때 발생하는 실업으로, 투자와 소비를 활성화하는 경제 정책을 통해 해결할 수 있다. 더 나아가 새로운 국가 경쟁력과 기술력 확보를 통해 일자리 창출을 시도해야 한다. 구조적 실업은 산업구조의 급격한 변화 때문에 기존의 산업과 낮은 기술력에 기반을 둔 노동자들이 직면하는 실업을 말한다. 이런 구조적 실업을 막기 위해서는 산업구조의 변동에 맞추어 직업교육의 변화가 요청된다. 새로운 산업에 맞는 인재를 양성할 수 있도록 교육 체계도 바꿀 필요가 있으며, 실업상태에 놓여 있는 사람들에게 새로운 직업교육을 체계적으로 행할 수 있도록 도와주어야 한다.

실업은 한 개인의 문제로 끝나지 않고 가정, 국가의 문제로 연쇄적으로 확대된다는 점에서 우리 사회가 중요하게 해결해야 할 사회문제이다. 특히 실업은 빈곤의 가장 큰 원인이자, 불평등을 심화시킨다는 점에서 다른 사회문제와 깊게 연관되어 있다. 그런 점에서 일자리 창출은 단순히 먹고사는 문제가 아닌 최고의 복지 확보라는 차원에서 고려해야 한다. 사회적 기업은 빵을 파는 것이 아니라 빵을 만드는 일자리를 만드는 것을 더 중요하게 생각한다는 말이 있듯이 사회적 기업은 한국 사회의 취약 계층의 취업에 큰 도움을 줄 수 있다. 현재 사회적 기업 중 일자리 창출형 사회적 기업이 제일 많다는 사실을 통해 사회적 기업이 일자리 창출에 가장 많은 공을 들이고 있다는 사실을 잘 알 수 있다.

3) 소수자와 관련한 사회문제와 극복 방안

소수자란 한 사회의 약자를 지칭한다. 소수자는 단순히 숫자에 의해서만 결정되는 것이 아니다. 차별이 심했던 과거에는 숫자가 많은 흑인과 여성도 사회적 약자로 전형적인 소수자집단에 속했다. 시대에 따라 소수자 집단은 달라져 왔다. 소수자를 식별하기 위한 몇 가지 기준을 제시한다면 다음과 같다. 소수자는 식별 가능성, 권력의 열세, 차별받음, 집단의식 여부라는 네 가지 조건에 의해 구별되는 경향이 있다(전영평 외, 2010: 18). 식별 가능성의 조건이란 소수자는 신체적이나 문화적으로 특이한 차이를 나타내 보인다는 것이다. 소수자는 다른 집단과 신체적 특징이 다르거나, 특정한 관습과 취향을 가져 외관적으로 드러나곤 한다. 그리고 소수자는 다른 사람이나 사회에 미치는 영향력이 약해 권력의 열세에 처해있다. 또한,

소수자는 권력이 열세일 뿐만 아니라 그것 때문에 실질적 차별을 받고 있다는 특징이 있다. 마지막으로 이들은 자신이 차별받고 있는 집단 속에 포함되어 있다는 것을 의식하며 그 집단에 대한 집단의식을 지니고 있다.

우리는 소수자가 지닌 일반적 특징을 몇 가지 언급했지만, 소수자는 시대와 문화에 따라, 주어진 상황에 따라 다르게 결정된다. 한국 사회에서 소수자가 아닌 사람도 외국으로 이민 가는 순간 그 사회에서 소수자로 대접받을 수 있다. 차별받는 소수자 문제가 특정한 사람들의 문제만이 아니라 우리 자신의 문제가 될 수 있는 것은 누구나 소수자로 전락할 수 있기 때문이다. 우연한 사고나 질병으로, 심지어 다수의 부당한 선입견과 편견에 의해 누구나 소수자가 될 수 있다.

역사적으로 소수자 집단은 사회 시스템에 의해 끊임없이 만들어지고 관리된 면이 있다. 억압된 사회일수록 정상과 비정상을 비합리적으로 구분하고, 비정상에 대한 배척과 배제를 통해 질서를 억압적으로 유지하려고 한다. 권력관계에 의해 비정상이 정해지고, 부당하게 소수자 집단이 배제, 배척당할 수 있다. 배제를 통한 사회통합은 억압적 이어서 우리가 극복해야 할 통합이다. 소수자 운동은 부당하게 차별받는 사람들이 인간다운 존엄성을 느끼면서 살아갈 수 있도록 도와주는 것이다.

오늘날에는 소수자를 취약계층으로 자선을 베풀어야 하는 주변부의 사람들로만 여기는 시각에서 벗어나 소수자의 역할과 책임을 적극적으로 찾아주려는 움직임이 있다. 이에 기초한 운동이 소수자 되기 운동이다. 소수자는 우리 사회의 중심부가 아닌 주변부에 머물러 있다는 점에서 중심부를 향해 획일적으로 움직이는 우리 사회의 경직성을 완화할 수 있다. 그리고 주변부는 우리 사회에 다양성과 변화를 제공해 줄 수 있는 힘과 가능성을 지니고 있다는 점에서 소수자를 긍정적으로 바라볼 수 있다. 소수자의 목소리와 그들의 삶이 보존되고 표현될 수 있도록 해야 하는 이유가 그들이 지닌 힘을 간과해서는 안 되기 때문이다. 이런 통찰에 기반을 두고 우리 사회는 소수자를 보호하는 소수자 운동을 넘어 소수자를 새로운 풍요로움으로 나아가기 위한 힘으로 바라보는 소수자 되기 운동으로까지 확장할 필요가 있다(김성금, 2015: 23-24). 획일적 가치에 의해 소수자를 배제하는 것이 아니라 소수자의 삶도 하나의 삶으로 수용하고 긍정할 수 있을 때 소수자의 삶도 우리 사회에 기여하는 삶이 될 수 있고 결과적으로 우리 사회는 더 발전된 사회가 될 것이다.

우리 사회에서 소수자로 여겨지는 것은 남성에 대해 여성, 일반인에 대해 장애인, 젊은이들에 대한 노인, 내국인에 대한 외국인, 정규직에 대한 비정규직, 이성애자에 대한 동성애자들이 이에 해당한다.

가. 노인 문제

보통 65세 이상을 노인이라고 부른다. 통계청(2011) 조사에 의하면, 우리나라는 2000년도에 노인 인구가 7%를 넘어 고령화 사회로 이미 진입한 이래 2026년에는 노인 비율이 20.6%로 초고령 사회에 도달할 것으로 예상되고 있다. 다른 나라는 오랜 시간을 두고 진행된 인구변동을 우리나라는 짧은 기간 저출산과 고령화로 인해 급격히 겪게 되면서 여러 사회문제에 직면한 상태이다. 저출산과 고령화 현상은 생산인구의 감소로 국가경쟁력 약화를 초래하고 노인 인구의 증가로 복지재정의 부담이 많이 늘어나게 된다.

노인 문제는 사회가 급격하게 산업화, 도시화 되어가고 그에 맞물려 핵가족화가 진행되면서 발생하였다. 사회구조의 변화가 초래한 가치관의 급격한 변화도 노인 문제를 유발한 중요한 원인이다. 전통사회는 농업사회, 대가족사회로, 노인들은 존중받고 가족들의 부양을 받으면서 살 수 있었다. 그러나 변화된 사회에서 노인의 지식과 능력은 별 볼 일 없는 것으로 비하되며, 가정에서 도맡아 온 보육과 교육의 역할도 새로운 교육관과 자녀관 앞에서 그 역할을 상실하게 된다. 개인주의, 효율성, 경쟁성을 강조하는 새로운 상황에서 노인들의 역할은 한없이 약해지고 무기력해졌다. 자신의 역할 상실과 더불어 핵가족화라는 사회변동 속에서 전통적으로 당연하게 여겨졌던 가족들의 부양 의무조차 허물어져 아무런 사회적 안정망 없는 현실 속에서 외롭게 살아가는 노인들이 증가하고 있다.

그래서인지 우리나라는 OECD 노인 자살률 1위, 노인 빈곤율 1위의 불명예를 안고 있고, 이런 순위는 한국의 노인 문제가 얼마나 심각하며, 방치되고 있는지를 잘 보여준다. 노인들을 절망으로 내몰고 있는 대표적 고통으로 4가지를 들 수 있는데, 빈곤의 고통, 외로움의 고통, 질병의 고통, 무력함의 고통이 그것이다(이민홍 외, 2015: 90). 이런 노인들이 직면한 고통과 어려움을 해결하기 위해서는 우선으로 일할 수 있는 노인에게 일자리를 제공해주는 것이다. 노인들이 일자리를 가질 때 극단적인 빈곤 상태를 예방할 수 있고, 직업 활동을 통한 다양한 사람들과의 관계를 통해 외로움과 무기력함을 극복할 수 있고, 건강한 삶을 영위할 수도 있다.

그러나 현실적으로 노인들은 노동시장에 진입하기가 힘든 것이 사실이다. 저출산 사회, 고령화 사회에서 건강한 노인들의 역할이 더욱 커져야겠지만 효율성과 경쟁을 앞세우는 시장 경제에서 노인들이 노동시장에 정상적으로 진입하기 위해서는 제도적 뒷받침이 이루어져야 한다. 노인들에게 일자리를 제공한다는 것은 부족한 젊은이들의 일자리를 빼앗아 제공하는 것이 아니라 노인들에게 맞는 일자리를 새롭게 마련하는 것이다. 예를 들어, 사회가 고령화되면 보살핌에 종사하는 일자리가 늘어나게 될 것인데, 보호를 받아야 할 노인들은 건강한 노인들에 의해 보살핌을 받는 것이 더 바람직하다. 건강한 노인들이 다른 노인들을 보살피고, 사회서비스를 제공하는 것이 보살핌을 받는 자와 보살피는 자 모두에게 바람직하다고 볼 수 있다. 노인들에게 적합한 일자리를 마련하기 위해 국가가 나서 사회적 일자리를 마련해주려고 노력할 필요가 있다. 그 외 노인들의 고통을 들어줄 안전망으로 다양한 연금제도, 복지제도를 유지할 필요가 있다.

국가가 여러 정책을 통해 노인복지를 증진하려고 노력하고 있지만 한계가 있다는 점에서 재정적인 부담과 지속 가능한 노인복지 정착을 위해 사회적 기업은 노인 문제 영역에 적극적으로 참여해야 한다. 사회적 기업은 우선 노인 일자리, 노인 간병, 노인 요양사업, 노인 여가문화 촉진 등 다양한 영역에서 일자리 창출과 서비스 제공에 참여할 수 있다.

나. 장애인 문제

간혹 장애인을 보호하던 보호자가 보살핌에 힘겨워하다가 투신자살을 한다거나 보호자가 중증 장애인을 살해하고 스스로 목숨을 끊는 사례, 장애인 스스로 자신의 목숨을 끊는 비극적인 사례가 신문을 통해 종종 알려지곤 한다. 그만큼 장애를 지니고 살아간다는 것이 장애인 본인뿐만 아니라 그 주변 가족이 감당해야 할 어려움과 고통이 크다는 것을 말해준다. 특히 장애인이 겪는 문제를 장애인 본인들과 그 가족들만의 문제이고, 그들만이 그 문제를 해결하도록 내버려두는 현실에서는 그 어려움과 고통은 극심할 수밖에 없다. 피상적으로 보면 자살이거나, 보살핌에 지친 보호자의 친족 살인으로 보이지만, 실상은 그들의 어려움을 그들만의 책임으로 떠넘긴 냉혹한 사회시스템이 그들을 죽음으로 내몬 것이다. 그런 점에서 그들의 죽음은 개인적 선택이 아닌 사회적 타살이라고 볼 수 있다. 누군가 이야기했듯이 모든 자살은 타살의 성격이 있다.

신체적, 정신적 장애를 앓고 있는 장애인이 경쟁 시장에 뛰어들어 스스로 취업한다는 것은 현실적으로 불가능하다는 점에서 사회복지제도나 사회적 기업 활동을 통한 일자리 창출이 절실히 필요하다. 현재 장애인들이 일자리를 가지기 힘든 상황을 내버려둔다면 장애인 빈곤은 피할 수 없다. 일방적인 자선이나 보살핌에 끝나버리는 지원은 장애인이 겪는 문제의 본질을 은폐하고 실질적인 대책을 제시하지 못하게 한다. 장애인 정책의 최우선은 자활에 초점을 맞추어 스스로 자신의 삶을 가꾸어나갈 기회와 터전을 마련하는 것이다. 일자리를 통해 사회인으로 스스로 자신의 삶을 인간다운 삶으로 가꾸어갈 수 있도록 도와주는 것이 중요하다.

오늘날 장애인 정책은 단순한 시혜가 아닌 헌법에 기초한 기본적 권리 보호 차원에서 시행될 필요가 있다. 헌법에 기초한 기본적 권리를 구체적 현실에서 실현할 수 있는 제도, 정책, 법의 보완을 통해 장애인 문제를 해결하려는 노력이 실질적으로 이루어져야 한다. 이런 노력과 함께 장애인에 대한 사회적 편견을 극복하려는 노력이 있어야 한다. 장애인을 고통스럽게 만드는 것은 장애 자체라기보다 장애를 바라보는 타인의 시선이라는 점에서 장애인 운동은 사회적 인식의 변화를 중요하게 포함해야 한다.

WHO(세계보건기구)는 장애를 신체적, 정신적 손상으로 개인의 일상이나 사회생활이 크게 제약된 상황으로 규정하고 있다. 장애에 대한 편견을 극복하는 것이 장애인 정책의 새로운 계기를 가져올 수 있고, 일반인의 편견을 극복할 수 있다는 점에서 중요하게 요구된다. 장애에 대한 새로운 규정은 신체의 손상 자체가 아니라 손상을 어떤 관계 속에서 보는가에 따라 다르게 결정될 수 있다. 예를 들어, 전족이라는 풍습 아래 발의 모양이 손상되거나, 아름다움을 위해 목에 링을 끼워

목을 기형적으로 길게 만든 풍습을 가진 곳에서 기형적 발과 목은 그 사회에서는 장애로 바라보지 않는다. 이런 예는 장애 여부를 결정짓는 것은 신체의 손상이 아니라 그 손상을 바라보는 타인들의 시선에 의해 결정된다는 점을 알 수 있다.

장애에 대한 새로운 규정을 통해 장애인 문제를 해결하려는 노력으로 장애인에 대한 인식 교정도 중요하지만, 가장 일차적으로 기울여야 할 노력은 장애인이 신체적, 정신적 손상 때문에 겪게 되는 실질적 어려움과 고통을 해결해주는 것이다. 누구나 장애인이 될 수 있다는 점에서 최소한의 헌법에서 보장되는 권리를 구체적 제도, 정책, 법을 통해 보완할 수 있도록 노력해야 할 것이다. 일할 수 있는 사람에게는 일자리 제공을 통한 자활 정책이 최고의 정책이라고 볼 수 있다. 이런 점에서 앞으로 사회적 기업은 장애인 취업활동과 복지서비스 영역에서 큰 역할을 담당할 수 있어야 한다.

다. 다문화 가정 문제

지난 2011년 7월 22일 노르웨이 우퇴이아 섬에서 테러로 사상자가 73명이나 발생했다. 범인은 유럽식 다문화주의에 대한 반감으로 무고한 인명을 살상하였다. 다문화에 반대하는 주민들의 불만도 있지만 차별에 시달리는 외국인 이주자들의 분노는 자생적 테러범을 끊임없이 양산하여 유럽 사회를 불안하게 만들고 있다. 세계화의 흐름과 맞물려 다양한 문화가 접속하며, 노동자들의 이동도 활발해짐으로써 정도의 차이가 있을 따름이지 모든 국가가 다문화사회로 나가고 있다. 다문화 사회에서 문화 간의 충돌과 차별당하는 소수자들의 불만은 사회혼란의 요인이 된다. 특히 지금까지 단일민족, 단일문화를 지향하며 다문화에 대한 준비를 제대로 하지 못한 한국사회에 다문화사회가 초래할 문제는 중요하게 해결해야 할 사회문제가 될 것이다.

한국사회의 다문화 정책은 주로 결혼이주여성과 그들의 다문화 가정의 복지를 지원하고 관리하는 선에서 이루어지고 있다. 추후 유럽과 같이 이주자집단, 이주자 가족 전체가 우리 사회에 편입될 때 야기되는 혼란은 더욱 커질 것이다. 현재 우리의 다문화정책은 진정한 의미에서 건강한 다문화주의에 기초해 있느냐는 비판을 받고 있다. 진정한 다문화주의는 다른 문화에 편견이 없고 서로 간의 다름과 차이를 존중하고 거기에 기반을 둔 문화라는 점에서다. 한국에서의 다문화정책은 다양한 문화를 우리의 문화 속에 편입, 동화시키려는 경향이 강하다는 점에서 엄밀한 의미에서 다문화주의에 기반을 두고 있다고 말할 수 없다.

다문화사회에로의 변화는 여러 갈등을 초래할 수도 있지만 어떻게 대처하느냐에 따라 긍정적 면이 많다. 다양한 것들의 만남은 사회의 다양성과 역동성을 더욱 강화해 사회발전에 큰 도움이 될 수 있다. 다문화사회를 제대로 맞이하기 위해 차이와 다름에 대한 성숙한 인식과 대처가 필요하다. 현실 속에서 차이와 다름은 틀림으로 이해되어 차별의 이유로 작동되고 있다. 차이와 다름이 사회의 획일성을 깨뜨려 사회발전에 원동력이 될 수 있다는 긍정적 시각은 다문화가정에 대한 선입견을 극복하는 데도 도움을 준다. 다문화가정은 다른 문화와 다른 사고방식, 다른 언어를 사용할 수 있는 능력을 갖추고 있다는 점에서 오늘날 이상적 인간상인 융합적 인재를 길러낼 수 있는 긍정적 환경이 될 수 있다. 차별해야 할 대상이 아니라 그들의 장점을 활성화하여 새로운 문화를 창조하는 융합적 인재로 바라보고 성장할 수 있게끔 제도적으로 도움을 줄 필요가 있다(조지영 외, 2013: 126).

그러나 현실에 있어 다문화가정은 여러 가지 어려움에 직면해있다. 이주 여성들과 다문화 아동들은 여러 면에서 열악한 상황에서 취약계층으로 편입되는 경우가 많다. 이주 여성들이 한국인으로 잘 정착하고 아이들도 교육에 소외되지 않기 위해서는 정부의 노력만이 아니라 사회적 기업의 다양한 활동이 요청된다.

라. 여성 문제

한국사회에서 여성이 가구주인 경우가 남성이 가구주인 경우보다 빈곤에 처할 가능성이 훨씬 크다고 한다(김수현 외, 2013: 207-224). 특히 노인 여성일 경우 노인 남성보다 빈곤에 처할 가능성이 훨씬 크다. 아직 한국사회의 노동시장은 남성 위주로 편성되어 있어 많은 경우 여성은 비정규직에 종사하며, 출산과 육아로 경력이 단절되어 새롭게 노동시장에 편입하지 못하는 경우가 많기 때문이다. 전통적으로 여성들은 보살핌의 노동에 종사하게 되어 시장경제에 편입되기 힘들었고, 편입하더라도 그 직업의 안정성이 떨어지는 편이다. 제도적으로 출산과 육아에 대한 지원이 미흡한 상황에서 여성들은 가정과 직장을 동시에 감당해야 하는 어려운 사항에 처해있다. 많은 여성이 노동시장에 편입되지 못하고, 편입되더라도 비정규직에 처해 있다는 점에서 경제적 안정이 떨어지고, 연금문제에서 혜택을 받지 못하는 경우가 많다. 특히 가족문화의 변화와 더불어 이혼가정이 늘어나고 여성가구주가 늘어나는 실정에서 여성 빈곤이 사회문제로 등장하고 있다.

4) 환경문제와 극복 방안

인간의 생명활동은 자연과의 관계를 떠나 유지될 수 없다. 인간은 자연 속에서 생명현상에 필요한 영양분을 섭취하고 인간의 삶에 필요한 자원을 이용한다. 생명활동은 다른 자연을 훼손하고 이용함으로써 가능하다. 인간이 자연을 이용함에도 자연은 스스로 자신의 생태계를 보전, 복원하는 자정능력을 갖추면서 다른 생명과 상호 영향을 주는 관계 속에 놓여 있다. 그러나 기술 문명의 발전과 더불어 인간과 자연과의 관계는 일방적인 지배와 이용의 관계로 치닫는다. 조화와 균형이 깨어져 자연의 자정능력은 크게 훼손되고 인간 생명활동은 위험에 처해있다.

자연환경의 급속한 파괴는 환경에 대한 지금까지의 인간 중심적 시각에서 벗어나 생태 중심적 시각에서 자연을 새롭게 바라보는 관점을 등장시켰다. 인간 아닌 다른 생명과 존재를 수단으로만 바라보는 인간중심주의적 입장에서 벗어나 모든 생명을 평등하게 바라보며 심지어 자연 자체, 생태계 자체까지 도덕적 고려의 대상으로 바라보려는 생태 중심적 입장이 등장한 것이다. 자연에 대한 새로운 시각과 자연까지 윤리적 고려 대상으로 삼으려는 입장의 등장은 그만큼 환경문제가 전 지구적 문제이자 인류의 위기를 초래할 중요한 문제로 등장했기 때문이다.

일반적으로 환경문제와 관련해서 중요하게 논란되는 문제로는 물의 오염, 대기의 오염, 토지의 오염, 기후문제, 자원문제 등이 있다. 물의 오염은 생활하수나 공장의 폐수들이 정화되지 않고 방류될 때 중금속이나 영양물질에 의해 일어난다. 또, 그 물을 먹은 어패류에 축적되어 인간의 건강을 위협할 수 있다. 중금속은 또한 토양을 오염시켜 먹이사슬의 연쇄를 거쳐 인간에게 큰 손해를 끼치게 된다.

대기의 오염은 이산화탄소와 다른 공기 중의 오염물질이 결합해 건강에 해로운 스모그를 만들어낸다. 특히 이산화탄소의 증대는 태양의 복사열을 가두어 지구온난화의 원인이 된다. 도시의 확장과 개발의 확장을 통한 산림의 파괴는 이산화탄소를 더욱 증대시켜 지구온난화를 심화시킨다. 지구온난화를 통해 극지방이나 고산지대의 얼음을 녹게 만들어 바다 수면을 높이며 저지대의 침수라는 자연재난을 유발한다. 그리고 지구온난화는 바다 온도를 높여 해상 생태계를 교란하며, 기후의 변화를 통해 작물의 성장을 방해해 결과적으로 동물의 생존을 위협할 수 있으며, 최종적으로 생태계 질서 자체를 파괴하는 결과를 가져올 수 있다. 궁극적으로 환경문제의 해결은 자연을 바라보는 태도의 변화뿐만 아니라 물질주의적 가치관에 기초한 편협한 행복관에서 벗어날 수 있을 때 가능하다. 또한 변화된 신념에 기초해 그것을 지지할 수 있는 새로운 정책, 제도와 새로운 환경운동이 이루어질 때 지속 가능한 성장을 도모할 수 있으며, 자연과 함께하는 삶을 영위해 나갈 수 있을 것이다.

5) 교육, 문화 관련 문제와 극복 방안

한국의 급격한 경제성장에는 한국인들의 교육에 대한 열정이 한몫을 했다. 교육은 한 개인이나 사회를 성장 발전시키는 데 있어 큰 원동력으로 작용했다. 그러나 오늘날 교육은 오히려 불평등과 양극화를 심화시키며, 많은 사람에게 스트레스와 불행을 안겨주는 원천으로 변질하고 있다. 교육은 개개인들의 자아실현에 도움을 주고 행복추구의 디딤돌이 되어야 하지만, 현실에서 교육은 맹목적 경쟁의 수단이 되고 있다. 교육은 단순히 줄 세우기 위한 교육이 되고, 그런 과정에서 학생들의 고통은 증대되고 있다. 학업 성취도는 높지만 학업 만족도가 가장 낮은 나라, 공부는 가장 오래 하면서 공부를 즐기지 못하는 나라, 공부 때문에 많은 청소년이 자살로 내몰리는 나라, 이런 불미스러운 표현은 한국의 교육이 교육 자체의 중요한 목적인 인간의 성장과 행복을 제대로 추구하고 있지 못하다는 사실을 단적으로 보여준다.

게다가 한국의 교육은 불평등과 양극화를 발생시키는 주요한 원인으로 작용한다. 또한, 교육은 계층이동의 사다리로 기능해야 함에도 오히려 계층 이동의 사다리를 치워버려 정의가 아닌 부정의를 불러오고 있다. 이런 상황에서 교육이 제 역할을 하기 위해서는 단순한 지식 위주의 교육, 경제적 논리만을 맹목적으로 좇는 교육, 양극화를 심화시키는 교육을 극복할 필요가 있다.

현재의 교육이 지닌 문제점은 우선은 공교육의 정상화를 통해 해결하도록 노력해야 한다. 그러나 공교육의 부담과 그 한계는 교육 영역의 사회적 기업 활동을 통해 보완될 수 있다. 현재 학교 교육만을 통해서는 온전히 실현하기 힘든 인성교육, 체험교육, 예술교육, 문화교육활동은 교육영역에서 활용하는 사회적 기업을 통해 획기적으로 보완될 수 있다(조영복, 2012: 243-265). 특히 교육영역의 사회적 기업은 취약계층에 속해있는 아동들의 빈곤한 교육환경을 개선해주며, 관련 교육서비스 제공을 통해 취약아동들의 건강한 정체성 형성뿐만 아니라 건강한 삶을 이끄는 데 큰 도움을 줄 수 있다.

취약 계층에 대한 일차적 도움은 일자리 제공이다. 그러나 교육을 통해서 자기 성장의 동기를 제공해 줄 수 있어야 한다. 한때 노숙자들에 대한 인문학적 교육이 사회적으로 주목받았고, 그 필요성이 언급된 이유는 삶의 진정한 변화는 물질적 조건의 변화만으로 이루어지는 것이 아니기 때문이다. 오히려 취약계층에 있는 사람들이 자신의 처지를 변화시키기 위해서는 자신의 삶이 처해있는 상황 및 그 상황 속에 작동되는 논리와 힘을 파악하는 능력이 중요하다. 어떻게 자신의 삶을 변화시킬 수 있는지, 어떻게 힘을 모으고 연대해야 하는지에 대한 인문학적 성찰 기회를 교육적으로 마련하는 것이 어려운 상황에 처해 있는 사람들을 실질적으로 도와주는 것일 수 있다. 교육을 떠난 도움은 공허한 도움이 될 수 있다는 점에서 사회적 가치를 실현하려는 사회적 기업인에게 교육의 영역은 중요한 사업 영역이기도 하다.

문화의 영역에서도 취약계층은 빈곤문화에 처해있고 그것이 불평등의 원인으로 작용하고 있다. 문화, 예술영역의 다양한 경험과 체험은 취약계층의 삶을 풍요롭게 하며 교육의 탁월한 수단으로 역할 한다는 점에서 사회적 기업이 중요하게 관심 기울여야 할 영역이다. 일탈 행위는 일탈 문화의 영향을 받아 이루어질 수 있다는 점에서 다양한 문화에 대한 경험을 제공받는 것은 건강한 삶을 유지함에 중요하다. 또한, 문화와 예술은 시민들의 상상력과 창조력의 증대를 꾀할 수 있으며, 삶의 풍요로움을 제공할 뿐만 아니라 시민적 성숙으로 나아가도록 도와준다는 점에서 사회적 기업이 중요하게 활동할 수 있는 영역이다. 게다가 문화, 예술영역의 사회적 기업은 문화와 예술 영역에 종사하는 사람들의 일자리를 제공함으로써 한국 사회의 문화, 예술 발전을 지속해서 도모해 나가는 데 크게 기여할 수 있다.

5. 시장인가? 정부인가? 사회적 경제인가?

1) 시장의 역할과 한계

자본주의 경제는 시장경제이다. 시장경제와 대립한 위치에 사회주의의 계획경제가 있다. 자본주의와 달리 사회주의는 생산수단을 국유화하고 국가의 계획에 의해 생산과 분배를 정한다. 그에 반해 시장경제에서는 시장에서의 경쟁을 통해서 자원의 효율적인 생산과 분배가 이루어진다. 시장경제는 개인의 자유로운 선택과 그에 대한 각자의 책임을 강조한다. 각자가 자신의 합리적 이기심에 따른 시장에서의 자유로운 선택과 책임을 장려할 때, 이것이 결국 사회 전체의 발전을 가져온다는 것이다. 시장 경제는 얼마만큼 생산할지, 어떤 가격을 결정할지, 누구에게 얼마만큼 배분해야 할지가 시장 자체에 의해 자동으로 결정된다. 계획경제는 국가의 계획에 의해 생산과 가격, 배분을 결정하려는 시스템이지만, 현실적으로 국가가 얼마만큼 무엇이 필요한지를 매번 효율적으로 결정한다는 것은 사실 불가능하다. 그런 점에서 시장에 의해 생산과 소비, 가격이 자동으로 결정하게 하는 것은 효율적 시스템 구축이라고 볼 수 있다. 국가가 부족한 정보와 지식으로 생산과 분배에 참여하는 순간 비효율성이 커질 수밖에 없고, 지나친 국가의 개입은 개인의 자유와 창의성을 없애버려 사회 전체의 발전을 저해할 수 있다.

시장은 수많은 사람의 욕구를 확인하고 무엇을 얼마만큼 생산해야 할지를 알려준다. 시장은 무엇을 더 생산하고 그만 생산해야 하는지를 자동으로 알려주는 신호등의 역할을 한다. 그리고 그 물건의 가격은 그것을 필요로 하는 사람이 최대로 지급할 수 있는 금액에 따라 자동으로 정해진다. 또한, 시장은 자신의 욕망을 가장 합리적으로 실현하고자 하는 사람들이 모이는 장소이다. 시장에서 성공하기 위해서는 다른 사람들의 욕구를 민감하게 확인해야 하며, 타인의 욕구를 남다르게 창의적으로 충족시켜 나갈 수 있어야 한다. 시장에서의 합리적 경쟁은 결국 각자의 재능과 능력을 활짝 실현하게끔 도와주며 결과적으로 사회 전체의 발전을 가져온다. 더 많은 능력과 업적을 발휘한 사람에게 더 큰 몫이 돌아가는 시장 시스템은 각자의 가능성을 최대한 실현할 수 있게끔 도와주며, 사회 전체의 빈곤으로부터 탈출하여 물질적 풍요를 가져오게 한다.

그런데 시장주의자들이 전제하고 있는 인간의 이기적 본성 이해와 관련하여 다양한 논쟁이 제기된다. 과연 인간의 이기성만이 인간의 본성인가 되물어볼 필요가 있다. 그래서 인간의 지나친 이기성은 왜곡된 상황에 의해 변질된 본성으로, 이타성을 인간의 본성으로 바라보아야 한다는 의견도 제기된다. 인간의 본성으로 논란되는 이기성과 이타성을 어떻게 바라보며, 이 둘 중 어떤 것을 인간 본성으로 보느냐에 따라 서로가 이상적으로 설계하는 사회가 달라진다. 그러나 시장지상주의자들처럼 이기성만 강조하고 인간의 이타적 측면을 무시하는 것은 잘못된 이해일 수 있다. 사회주의가 인간의 이기적 측면을 무시했기 때문에 좌초되었던 것처럼 인간의 이타성을 무시하는 사회설계도 좌초될 것이다. 원래의 자본주의가 계속적으로 수정되어 온 것도 인간에게 중요한 이타적 본성을 반영한 까닭이다. 오늘날 수정자본주의는 인간의 이기성과 이타성을 함께 인정하고 있는 경제체제라고 볼 수 있다.

오늘날 국가가 시장에 개입하는 것은 시장이 시장만능주의자들이 이해하듯이 완벽하게 작동하지 않기 때문이다. 시장은 여러 이유로 자원의 합리적 배분에 실패하곤 한다. 시장의 실패는 다양한 방식으로 발생하는데 첫째로 독과점이 발생할 때이다. 시장경제의 핵심은 경쟁인데도, 경쟁만의 지속은 역설적으로 경쟁이 사라지게 만들 수 있다. 그것의 한 현상이 거대기업의 독점 현상이다. 거대기업이 경쟁에 이겨 특정한 산업을 독점할 때 경쟁은 사라지고, 결과적으로 경쟁을 통한 자원의 합리적 배분이 이루어지지 않게 된다. 거대기업의 등장과 더불어 생산의 양과 가격은 경쟁을 통해 결정되는 것이 아니라 일방적이자 왜곡된 방식으로 결정된다.

둘째로, 시장 경제활동을 함에 있어 예상하지 못하는 외부효과가 발생해 제대로 된 자원배분이 이루어지지 못하고 시장의 실패가 발생할 수 있다. 경제 행위는 그 행위자가 의도하고 계산한 결과만을 발생시키는 것은 아니다. 경제적 행위의 뜻하지 못한 효과나 결과를 엄격하게 계산할 수 없고, 예측할 수 없어 시장을 통한 가치 결정, 자원 배분이 합리적이지 못한 경우가 발생한다. 시장을 통한 가격 결정 역시 불완전한 정보에 기초해 이러한 외부효과를 합리적으로 가격에 배정하지 못함으로써 시장의 실패가 발생할 수 있다. 예를 들어, 자동차에 매긴 가격은 자동차가 초래하는 공해나 여러 사회적 비용을 고려해 결정되어야 함에도 현실적으로 자동차 생산이 초래하는 외부 결과가 제대로 측정되지 않아 가격형성에 반영되지 못해 결국 시장의 실패가 초래된다.

셋째, 시장은 필요한 공공 서비스를 적시에 필요한 만큼 제공해주지 못하므로 시장 실패를 초래한다. 누구나 이용하고 사용해야 하는 공공재를 시장은 효율적으로 생산 공급해주지 못한다. 경제적 이익만을 추구하는 시장 경제를 통해서는 사회가 유지되는 데 필요한 여러 공공재, 도로, 항만, 학교, 댐, 전기, 수도와 같은 서비스가 시장을 통해 필요한 만큼 제공되지 못한다. 시장은 시장가치가 결정될 수 있거나 경제적 이익을 확보할 수 있는 것에만 관심을 가진다는 점에서 사회유지에 필요한 많은 것들을 고려하지 못할 수밖에 없다.

넷째, 시장의 구성원들이 잘못된 정보에 의해 비합리적 선택을 함으로써 시장의 실패가 초래될 수 있다. 경제적 가치만을 추구하고, 인간의 욕망을 충족시키는 데 초점을 맞추는 사회에서 신뢰를 통해 올바른 정보를 확보하기가 힘이 든다. 서로 간에 행해지는 경쟁적 경제활동은 얼마간 의도적으로 정보를 다 노출하지 않으며, 심지어 왜곡된 정보를 노출함으로써 시장에서 사람들의 판단과 결정이 비합리적으로 결정되게끔 한다.

시장의 실패를 극복하기 위해서는 우리의 여러 노력이 요구된다. 거대 기업의 독과점 횡포를 막기 위해 공정거래를 감시하는 역할도 필요하다. 그리고 기업의 부정적 외부 효과를 막는 데 필요한 벌금이나 필요 시설을 마련해야 한다. 예를 들어 환경보호를 위해 환경세나 정화시설을 강화해나갈 필요가 있다. 또한, 공공서비스 제공에 긍정적 영향을 미치는 기업에는 인센티브 지원 제도가 필요하다. 합리적으로 경제적 자원을 배분하지 못하는 시장의 실패를 극복하는 것도 중요하지만 인간의 행복과 공동선의 실현을 좌초시키는 그런 시장의 실패를 극복하는 것이 더 중요할 수 있다. 이를 위해 우리 사회는 시장 만능주의를 극복하고 지금보다 공동선을 실현할 수 있는 공동체 정신을 함양할 필요가 있다. 이를 위해 경쟁만을 우선으로 하는 불완전한 시장만을 절대화하지 말고, 협력과 연대의 정신을 회복해 사회문제를 해결할 수 있어야 한다.

2) 정부의 역할과 한계

정부의 역할은 역사적으로 끊임없이 변화해 왔고, 오늘날에도 그 기능과 관련하여 논란이 되고 있다. 중상주의 시대에는 정부가 국민의 경제활동에 지속적으로 개입하고 방향 제시에 관여해왔다면, 야경국가 시대의 정부는 자유로운 경쟁이 이루어지는 시장을 보호하고, 시장을 해치는 요인을 감시, 처벌하는 최소한의 역할로 국한된다. 현대 복지 국가에 와서는 국가는 단순히 시장의 질서를 지키는 역할을 넘어 최소 수혜자를 위한 제도와 정책을 개발하고, 적극적으로 국민의 삶의 질을 개선하는 데 관여한다.

일반적으로 정부는 사회를 지배할 규칙을 제정하고, 그 규칙에 근거해 사회질서를 유지, 보존하며, 이를 침해하는 것을 감시, 규제하는 역할을 한다. 그리고 제한된 자원을 분배하고, 시장에 의해 생산되지 못하는 공공재를 생산하며, 시장의 실패를 보완하는 역할을 맡고 있다. 시장을 통해서만 우리의 삶이 필요로 하는 모든 가치가 주어지는 것은 아니다. 오늘날 정부의 역할을 강조하는 것은 지나친 시장 논리가 가져오는 여러 폐해의 결과이다. 지나친 시장 논리는 경제적 이익, 경제적 가치의 극대화만을 추구하고, 모든 것을 가격으로 그 가치를 자리매김하여 가격으로 교환되기 힘든 것들은 무가치한 것으로 배제한다는 문제를 지닌다. 경제적 가치만이 우리의 바람직한 삶을 살아가는 데 필요한 유일한 가치가 아니라는 점에서 경제의 논리에 의해 모든 것이 작동되는 시장의 한계를 극복할 필요가 있고, 그 역할을 정부가 적극적으로 담당해야 한다.

정부는 자유로운 시장을 보호해 사회 구성원들의 자유로운 거래와 선택을 보장해야 한다. 동시에 정부는 공동체의 건강한 유지를 위해 도움이 되는 노력과 정책을 마련해야 한다. 그러기 위해 정부는 경제적 영역만이 아니라 사회를 구성하는 다른 영역의 조화로운 발전도 계획할 수 있어야 하고 그 각각의 영역에서 추구되는 가치들도 훼손되지 않도록 정책적 도움을 제공할 필요가 있다. 정부는 우선 시장경제가 지니는 최대의 장점이 드러날 수 있도록 해야 하지만 그것의 엄연한 한계를 극복하도록 도와야 한다. 시장경제에 의해 독점과 양극화가 초래되며 결과적으로 공동체적 가치가 훼손되어 구성원들의 삶의 자유와 행복이 크게 제약될 때 정부의 개입은 필요하다. 또한 경제의 논리가 지나치게 모든 영역에서 작동되어 다른 영역 고유의 논리와 가치가 훼손될 때도 정부의 개입은 필요하다.

정부가 중요하게 관심 가져야 할 일은 공동체의 안정과 사회구성원들의 행복한 삶일 것이다. 이런 맥락에서 개인의 자유와 책임을 강조하는 시장을 기본으로 하되, 시장을 통해 초래되는 문제를 극복할 수 있어야 한다. 경쟁을 기반으로 물질적 성장을 가져온 시장경제는 많은 사람을 빈곤으로부터 해방시킨 면이 있지만, 그 과정에서 발생한 양극화는 인간의 소외감, 공동체 정신의 상실을 초래해 물질적 풍요의 대가를 톡톡히 치루고 있다. 시장을 통해 불평등이 해소되지 못하고, 더 심각해진다면 정부가 중요하게 개입해야 할 문제이다.

그러나 정부의 지나친 개입은 사회주의 국가의 좌초가 잘 보여주고 있듯이 여러 심각한 부작용을 낳을 수 있다는 점에서 절제된 개입이 필요하다. 정부의 비합리적 개입을 막기 위한 장치로서 우리는 민주주의를 더 공고하게 할 필요가 있다. 민주적 정부가 성립될 때 정부의 무분별한 개입을 통한 정부의 실패를 막을 수 있다는 점에서 민주주의의 완성은 사회문제를 지혜롭게 해결하기 위해 갖추어야 할 안전망이라고 할 수 있다. 정의롭지 못한 경쟁 때문에 시장의 실패가 반복됨에도 그 문제가 개선되지 않거나 모두를 위한 경제가 아닌 소수만을 위한 경제 발전이 지속된다면 그것은 경제의 문제가 아니라 정치 부재의 문제이다. 오늘날 경제의 문제가 정치의 영역 이외 다른 영역에 큰 영향을 미치지만, 역으로 정부가 어떤 정치 형태와 어떤 정치력을 발휘하느냐에 따라 경제활동의 방향이 달라지며 나아가 공동체가 지향하는 주요 가치와 나아가야 할 방향이 달라질 수 있다. 그러나 시장경제를 기본으로 하는 한국사회에서 정부의 경제 영역에 대한 개입은 신중할 수밖에 없다는 점에서 많은 영역에서 직접적인 개입보다 간접적인 개입이 요구되는 실정이다. 정부가 해결하고 관심을 기울여야하는 문제와 가치, 그 영역이 다양하다는 점에서 정부의 힘만으로 해결할 수 없고 사회를 구성하는 관련 주체들의 긴밀한 네트워크를 통한 문제 해결의 필요성이 더 커지고 있다. 이런 상황에서 사회적 기업은 정부가 해결해야 할 공적인 문제를 일정 부분 도맡음으로써 정부의 한계를 보완해 주며 정부가 직접 행하는 것보다 더 생산적이고 효율적인 결과를 가져올 수 있다는 점에서 새로운 경제활동으로 주목받는다.

3) 사회적 경제의 역할과 기대

오늘날 많은 사람이 사회적 경제에 깊은 관심을 표현하고 있다. 사회적 경제라는 이름 아래 협동조합, 마을기업, 사회적 기업이 사람들의 입에 오르내리고 있다. 시장의 실패가 초래하는 여러 부정적 결과 때문에 많은 사람은 사회적 경제에 희망을 걸고 있다. 시장경제는 물질적 빈곤을 벗어나게끔 하는 데 큰 역할을 했지만, 불평등을 심화시키며 삶의 소중한 가치와 인간의 본성을 무시하고 있다는 점에서 사회적 경제의 활성화가 필요하다는 주장이 제기된다(이윤재, 2010: 43-48).

사회적 경제가 시장경제의 대안일 수 있는지, 아니면 보완하는 역할에 그쳐야 하는지와 관련한 논쟁이 있다. 시장경제이냐 사회적 경제이냐는 물음에서 사회적 경제를 시장경제의 대안으로 이야기한다면 이것은 사회적 경제가 시장경제를 대체할 수 있다는 것을 의미한다. 그러나 사회적 경제를 시장경제의 보완으로 이해할 경우에는 주된 경제활동은 시장을 통해 이루어질 수 있도록 해야 하며 사회적 경제는 시장경제의 한계를 보완하는 부차적 역할로 이해하는 것이다. 한국 사회에서 논의되는 사회적 경제는 후자에 해당한다. 아직은 사회적 경제가 걸음마 단계에 있는 현 상황에서 사회적 경제는 시장경제의 한계를 보완하는 차원에서 그 역할이 논의되고 있다.

오늘날 시장경제와 사회적 경제를 대립한 것으로 바라보려는 입장이 있다. 그래서 사회적 경제를 이야기한다는 것은 시장경제를 부정하는 것으로 이해하려는 사람이 있다. 그들에게 사회적 경제를 강조하는 사람들은 시장의 핵심인 경쟁이라는 가치를 중심에 두지 않고 그 대신 연대와 협동이라는 가치를 중심으로 사회를 재편하려는 반시장주의자로 잘못 이해한다. 경쟁과 연대, 협동이라는 두 가치는 함께 우리 삶을 움직이고 나아가게 할 중요한 이정표임에도 불구하고 현실에서는 서로 대립하고 배척하는 것으로 이해하고 있다. 그래서 시장만능주의자들은 경쟁을 사회를 발전시키는 근본 원리로 지나치게 강조하고 있다. 자유로운 경쟁만이 개인의 가능성을 최대한 창조적으로 실현할 수 있으며, 경제적 문제뿐만 아니라 우리 사회의 많은 문제를 실질적으로 해결해 번영으로 나아갈 수 있다고 자신한다. 그들에게 경제의 영역에서 연대와 협력을 강조하는 것은 시장을 부정하는 것이다. 또 다른 극에는 인간다운 공동체를 형성하는 것이 구성원들의 자유롭고 행복한 삶에 필수적인 조건으로, 공동체는 연대와 협동을 본질로 해야 한다는 점에서 경쟁논리를 부정적으로만 바라보는 시각이 있다. 반면, 그들은 경쟁의 자유가 한 개인의 발전과 사회 발전에 미치는 긍정적 결과를 무시하고 있다.

그러나 사회적 경제는 경쟁의 논리를 부정하는 것이 아니라 그것만으로 인간다운 공동체를 만들 수 없다는 점에서 경쟁과 함께 연대와 협동이라는 대립하는 듯이 보이는 두 개의 가치를 조화롭게 추구하고자 한다. 인간의 본성으로 이기심과 이타성이 함께한다는 점에서 경쟁의 논리와 연대, 협동의 논리는 정책과 사회시스템을 구축하는데 중요하게 고려되어야 한다. 사회적 경제는 이 두 대립된 가치의 조화를 위해 경쟁의 논리가 지배하는 시장 속에서 이익과 연대와 협동의 정신을 동시에 실현하려고 노력한다.

사회적 경제는 시장경제 자체를 부정하는 것이 아니라 지향하는 가치와 목적이 시장경제를 넘어서 있다. 사회적 경제는 경제적 가치만을 추구하는 것이 아니라 경제활동을 통해 사회적 가치, 사회적 목적을 실현하고자 한다. 다시 말해 사회적 경제에서 강조하는 경제활동은 사회적 가치, 사회적 목적을 실현하는 것을 염두에 둔 경제활동이라는 점에서 시장경제의 한계를 보완하고자 한다. 이익과 가치를 동시에 조화롭게 추가하는 것이 사회적 경제이다. 그래서 사회적 경제를 착한 일을 하면서 돈을 버는 경제라고 말한다.

사회적 경제의 한 영역인 사회적 기업은 신자유주의가 초래한 문제를 시장에서 해결하고자 한다. 사회적 기업은 경제활동을 통해 연대의 정신, 협력의 정신을 증진하고자 한다. 사회적 기업은 소외계층, 취약계층에게 일자리 창출, 사회서비스 제공을 통해 사회문제를 해결하고 연대의 정신을 강화해 나간다. 사회적 기업은 노인문제, 불평등문제, 빈곤문제, 소외문제, 환경, 교육문제, 여성문제, 다문화 문제와 같은 수많은 사회문제를 해결하는 방식으로 경제적 가치를 추구함으로써 사회적 자본인 신뢰를 창조한다. 결과적으로 사회적 기업은 신뢰에 기반을 둔 참된 공동체를 회복하는 데 소중한 역할을 담당한다. 사회의 모순은 가치추구의 불균형에서 찾아진다. 현실에서 따로 추구되고 있는 두 개의 가치인 경제적 가치와 사회적 가치를 균형 있게 추구하는 사회적 경제는, 경제적 가치만을 증대시키려는 시장경제의 한계를 극복해나가는 데 큰 도움을 줄 것이다.

사회적 기업이 근저에 전제하고 있는 신념이나 가치는 우리가 가볍게 여길 수 있는 것이 아니다. 인간은 빵만으로 살 수 없다는 것, 더불어 살아감을 통해 행복해질 수 있다는 것, 함께할 때 우리에게 주어진 많은 문제를 해결할 수 있다는 것, 인간은 이기적 존재만이 아니라는 점, 가치 있는 일을 하면서도 돈을 벌 수 있어야 한다는 것, 경제적 가치만이 우리가 추구해야 할 가치가 아니라는 점 등이 사회적 기업이 전제하고 있는 중요한 신념이다. 사회적 기업가가 남다른 신념과 열정을 지녀야 하는 이유가 사회적 기업의 목적이 경제적 이익만을 추구하는 기업이 아니기 때문이다. 돈을 벌기도 힘든 데 돈과 사회적 가치를 동시에 추구한다는 것은 어려울 수밖에 없고, 이 두 가지 토끼를 잡기 위해서는 남다른 사명감과 능력 배양이 요구된다.

사회적 기업은 정부가 사회적 문제를 해결하기 위해 직접 개입함으로써 초래하는 비효율성과 부정적 결과를 극복할 수 있으므로 정부에 간접적 지원을 받고서 그 역할을 대신할 수 있다. 사회적 기업은 경제의 영역에서 경제 주체의 자발성을 존중하고 지속 가능한 경제 성장을 추구한다는 점에서 이념과 사회적 가치를 앞세운 정부의 비효율성을 극복할 수 있다. 정부의 직접적인 복지개입보다 간접적으로 사회적 기업에 대한 투자를 통한 생산적 복지실현과 사회통합을 실천하는 것은 정부의 한계를 극복한다는 점에서 중요하게 고려해야 한다. 사회적 경제활동의 활성화는 정부의 과잉 책임을 나누어 가지며, 정부의 중요한 기능 중 하나인 복지제도를 분담해 생산적으로 진행해 나가게끔 도와줄 것이다.

정부가 사회적 기업을 적극적으로 지원해야 하는 이유는 사회적 기업이 시장기능의 한계, 정부기능의 한계를 생산적으로 보완해 줄 수 있다는 점에서다(양준호, 2011: 46-49). 그런 점에서 현재 수많은 사회적 기업은 정부의 여러 도움 아래 다양한 영역에서 다양한 사회문제를 해결하는 방식으로 경제활동을 하고 있다. 사회적 기업의 성공은 그 자체 경제활동을 통해 사회적 기업 활동의 지속가능성을 실현함으로써 그 파급효과는 커질 수 있다. 그러나 냉정한 시장에서 수익만을 목적으로 하지 않는 사회적 기업이 지원 없이 살아남는다는 것은 쉽지 않다. 그래서 정부는 다양한 차원의 지원을 하고 있다. 인건비 지원, 세금 면제, 경영컨설팅 제공 등 다양한 재정적, 행정적 지원이 이루어지고 있으나 그 성과는 여전히 미비한 상태이다. 사회적 기업이 건강한 뿌리를 내리기 위해서는 정부의 더 구체적 지원이 필요하다. 국가가 사회적 기업의 생산품이나 사회서비스를 구매하고, 법의 이름 아래 계획적, 체계적으로 지원하는 사회적 경제 지원 관련 법안이 마련될 필요가 있다.

사회적 경제활동의 활성화는 경제의 영역에서도 민주주의를 실현하려는 노력일 수 있다. 사회적 경제활동은 인간의 자유와 평등을 강조하는 민주주의적 신념을 경제활동을 통해 펼치는 활동으로, 사회적 경제는 민주주의를 학습할 수 있는 학교의 역할을 할 것이다. 사회적 경제활동을 통한 민주주의 가치의 공고화는 시장의 한계를 극복할 수 있게끔 도와주며 자유민주주의를 더 굳건히 하는 데 일조할 것이다.

4장

사회적 기업
실천
프로그램

1. 사회적 기업 사례

2. 사회적 기업가 정신

3. 사회적 기업 창업 보고서 작성 방법

4. 사회적 기업 실천을 위한 제언

4장

사회적 기업 실천 프로그램

오늘날 사회 여러 분야에서 사회적 기업에 대한 관심이 증대되고 있다. 정부와 지자체에서 사회적 기업에 대한 전폭적인 지원을 하고 있을 뿐만 아니라 시민들의 사회적 기업에 대한 관심 또한 증대하고 있다. 사회적 기업에 대한 지원과 관심에도 불구하고 아직까지 현실에서 긍정적인 결과를 찾아보기는 쉽지 않다. 사회적 기업이 성공하기 위해서는 크게 두 측면을 고려해야 한다. 사회적 기업이 현실에서 해결할 사회적 문제를 인식해야 할 뿐만 아니라 사회적 서비스를 효율적으로 제공할 수 있어야 한다. 사회적 기업은 일반 영리 기업이 효율성만을 추구하는 것과는 다를뿐만 아니라 사회복지단체나 시민단체와 같이 사회적 문제만을 해결하는 것과도 다르며, 두 마리의 토끼를 모두 잡을 수 있어야 한다. 이를 위해서는 주변에서 발생하는 사회적 문제에 민감해야 할 뿐만 아니라 그 문제를 해결할 수 있는 혁신적 방법이 요구된다. 이 두 요소 중에 하나만이라도 등한시할 경우에는 사회적 기업은 성공할 수 없다. 그리고 사회적 기업을 창업하기 위해서는 사회적 기업 창업 계획서를 작성할 수 있는 능력을 지니고 있어야 한다. 본 장에서는 사회적 기업 실천 프로그램에 대한 이해를 사회적 기업 창업 보고서 작성 방법을 통해서 살펴보고자 한다.

1. 사회적 기업 사례

앞 장에서 최근 한국에서 필요한 사회적 문제와 서비스에 관해 살펴보았다. 사회적 기업은 사회적 문제를 해결하면서 사회적 가치를 실현하기 위한 기업이다. 그래서 최근 사회적 기업은 다양한 영역에서 사회적 서비스를 제공해 주고 있다. 본 장에서는 일자리 창출, 노인복지, 지역살리기 운동, 장애인 복지 등을 다양한 영역의 사회적 기업을 소개해 보고자 한다.

1) 노리단– 문화예술 사회적 기업

"한국 최초 문화예술 분야의 사회적 기업을 꼽는다면 노리단을 들 수 있다. '노리단' 그룹 이름은 '놀이'에서 딴 온 말이다. 이 기업은 청년 사회적 기업의 성공 모델로 평가되기도 한다. 노리단은 2004년 서울시립직업센터의 문화클럽에서 시작하였다. 중·고등학교를 자퇴하고 대안학교를 다니던 10대들, 갓 대학을 졸업하고 전공과 상관없이 진로를 찾던 20대, 30대 문화기획자와 예술가들이 모여 함께 창업하였다. 그들은 보통 청년들과 달리 좋은 직장에서 많은 수익을 얻기 보다는 '하고 싶은 것을 해 보자'는 단순한 의도에서 프로젝트를 시작했다. 그들은 일하면서 놀 수 있고, 배움도 이러한 과정에서 얻고자 하였다. 노리단이 성장하면서 최근에는 자유롭게 살고 싶은 20~30대 청년들을 위한 사업으로 확장하고 있다. 그들은 "내가 기업인이라면 나를 채용할까?"하고 고민하던 청년들이 악기나 문화공연 프로젝트로 시작하면서 자신의 진로를 선택했다. '노리단'의 류효봉 대표는 여의도 중소기업중앙회에서 열린 '2014 아시아미래기업포럼'에서 "청년들이 하고 싶은 일을 하고 이를 통해 세상을 변화시키는 것, 버려지는 것을 새롭게 살리는 것이 노리단의 철학이자 슬로건"이라고 밝혔다. 노리단 단원들 대부분 자신의 인생에 있어서 노리단에 참여하게 된 것을 가장 현명한 선택이라고 생각하면서, 그들의 일에 대한 자부심을 지니고 있다고 한다.

최근 대학생들은 70~80년 대와 달리 자신이 원하고 하고 싶은 일을 하면서 살아가고자 하는 사람들이 늘어나고 있다. 대학 동안 취업공부를 하거나 스펙을 쌓아도 취업이 보장되지 않고, 취업을 한다고 하더라도 언제 퇴사 당할지 모르는 불안한 사회에서 가장 믿을 수 있는 일은 바로 자신의 이상과 내면이다. 자신이 하고 싶은 일을 하고 살면 돈벌이는 되지 못해도 최소한 인생을 즐길 수 있다. 외부에서 만들어 놓은 기준을 버리면 자신의 본래 모습을 되찾을 수 있다. 실제로 인성의 황폐함은 획일적인 사회에 깃들어지면서 진정한 자신의 모습을 잃어버렸기 때문이다. 노리단 단원들은 잃어버린 자아를 찾기 위해 상담실을 찾거나 수행한 것이 아니라 자신의 욕구에 충실하고자 하였다. 노리단은 자신의 몸을 두드리는 '몸벌레' 연주를 통해 자신을 발견하고자 한다. 뚱뚱한 몸이지만 자신의 몸에서 나는 소리를 통해 다른 사람과의 차이를 인지하고 그 다양한 사람의 몸 소리를 합쳐서 음악을 만들고자 했다. 그러면 자신의 몸을 있는 그대로 받아들이게 된다. 노리단의 연주는 혼자만의 특별한 연주가 아니라 누구나 연주자가 될 수 있다고 본다. 그들은 몸을 통해 자아를 찾고 타인과 더불어 함에 즐거움을 얻고자 하였다.

노리단의 단원은 10대에서 40대까지 대안학교 출신 청소년, 배우 모델, 회사원, 주부, 국제기구 직원, 자동차 정비사, 작곡가, 연극배우, 대안학교 교사, 탈학교 청소년, 출판사 직원 등 다양한 경력과 다양한 나이의 사람들로 구성되어 있다. 김종휘 단장은 문화평론가로 더 유명하고, 안석희 예술감독은 민중가요 '바위처럼'을 작곡한 유명 작곡가다. 교육프로그램 매니저는 연극 배우이고, 악기장은 기타리스트다. 그들에게 경력이 다르고 나이가 많고 적음은 결코 중요하지 않다. 이런 기존 경력과 나이는 때로는 불필요하고 고정관념을 만들어 낼 수 있다고 본다. 김종휘 노리단 단장은 "노리단에는 상하가 없고, 업무별 책임자가 있을 뿐"이라며 "서로 부를 때도 직함, 나이 상관없이 '휘', '도리', '미야' 등 별칭만 달랑 부른다."라고 전했다. 노리단은 자발적이고 창의적으로 공연하기 위해 서로 간에 별명을 부르면서 서로 간의 소통하며 문화공동체를 만들어 낸다. 그래서 노리단은 구성원의 자발성, 공동체의식이 높아 사회적으로도 지속가능성이 매우 높다는 평가를 받고 있다. 지역사회와 공동체정신의 활성화와, 문화적 혁신으로 사회적 가치를 구현하면서 사회적 기업의 지평을 넓히고 있다는 게 노리단에 대한 평가다.

노리단은 기존의 악기를 사용하지 않고 산업폐기물이나 일상생활 등 주변에서 소리를 찾는다. 전깃줄을 땅에 묻을 때 사용하는 플라스틱 배관이나 화공약품을 담는 통, 재활용 박스 등에서 악기를 만들고 그 악기들의 소리가 화합하여 음악을 만든다. 각 악기들은 크기와 두께에 따라 다른 소리를 내면서 여러 소리가 화합해서 그럴 듯 음악을 만들어 낸다. 그리고 폐기물을 통해 누구나 소리를 낼 수 있는 공연장을 만들기도 한다. 노리단은 서울 세종문화회관 M씨어터에서 논버벌 뮤직 퍼포먼스 '핑팽퐁, 네 심장을 두드려봐!'로 흥겨운 막을 올렸다. '핑팽퐁, 네 심장을 두드려 봐!'는 쉽게 버려지고 잊히는 물건을 재활용해 악기를 개발하는 노리단의 철학을 담은 작품이다. 산업자재로 직접 제작한 악기를 연주하는 타악 퍼포먼스와 판타지 드라마가 결합된 이번 공연에서는 자전거를 악기로 사용했다. 노리단이 오스트레일리아의 생태주의 악기개발자 스티브 랑턴과 함께 폐자전거를 재활용한 악기를 만들어 선보인 것이다. 그들은 건축 재활용품을 사용해서 악기를 제작해 공연하면서 환경도 보호할 수 있으며, 소외계층을 위한 워크숍, 낙후 지역을 대상으로 한 악기 공원 조성 사업 등에도 참여하면서 수익성 확보와 사회문제 해결이라는 두 마리 토끼를 모두 잡았다. 그 결과 2007년 문화예술단체로는 처음으로 사회적 기업 인증을 받았다.

노리단 역시 기업이다. 노리단의 이윤 창출 또한 무시할 수 없다. 노리단의 최근 매출액은 4억 5,400여 만 원. 생태주의 퍼포먼스 공연, 재활용 악기 제작, 이를 외부에 가르치는 워크숍이 주요 수입원으로, 11월 방영될 KBS 어린이프로그램 '후토스-하늘을 나는 집'에 참여할 예정이어서 방송 수입도 생긴다. 총 수입을 인원별로 나누다보면 평균 1,800여 만 원 남짓의 연봉이지만 국민연금, 고용보험 등 4대 보험은 물론 정착할 집이 마땅찮은 직원들을 위한 공동 숙소도 제공되어 그나마 생활에 큰 어려움은 없다.

노리단은 일반 영리 기업과는 다르다. 그들은 돈을 벌고자 하는 것이 아니라 공공성을 실현하려고 일을 한다. 앞에서 언급하였지만 노리단의 악기를 구성하는 재료는 모두 우리 주변에서 쉽게 구할 수 있는 것들이며, 거듭해서 재활용할 수 있는 재료를 사용함으로써 사물을 대하는 생태주의 태도를 길러 주고자 한다. 이렇게 재료를 구하는 작업을 가리켜 '뒤지기'라고 부른다. '뒤지기'란 자연과 문명 그리고 인간 생활의 산물로 헌 것, 옛 것, 못쓰는 것, 망가진 것을 발견하고 되살려서 생명력을 부여하는 생태주의적 순환의 의식적인 작업을 말한다. 또한 계속 쓸 수 있는 물건인데도 내다버리는 도시의 끝없는 소비주의를 성찰하게 하며, 그렇게 버려졌으나 충분히 쓸 수 있는 물건들을 찾아내서 다른 용도로 훌륭하게 사용하는 환경 운동의 일환으로 볼 수도 있다. 그들은 사회적 공공성을 어렵고 먼 곳에서 찾는 것이 아니라 일상생활에서 그것도 즐기면서 실현하고 있다. 일반적으로 공공성의 실현과 개인의 이익은 대치될 경우가 많다. 개인의 이익은 공공의 발전에 저해되며, 공공의 발전은 때때로 개인의 이익을 대가로 이룬 것이며, 개인의 즐거움은 때로는 공공의 발전에 저촉된다. 일반적으로 양자는 결합될 수 없다. 하지만 노리단은 공공의 발전과 개인의 즐거움 중에서 어느 하나를 선택하기 보다는 양자 간의 조화를 추구한다.

노리단은 열한 살부터 쉰두 살까지 다세대 단원들로 구성된 생태주의 뮤직 퍼포먼스 그룹이다. 산업 폐자재와 생활용품을 재활용해서 직접 만든 다양한 악기들, 맨몸을 악기로 이용하는 놀이형 퍼포먼스를 통해 도시 문명과 인간 삶의 생태적 리사이클을 실천하고, 객석과 무대, 예술과 놀이의 경계를 넘나들며 관객과 소통하고, 관객과 함께 하는 축제를 통해 즐거운 활력을 나누는 문화예술 분야의 사회적 기업이기도 하다. 노리단의 모토는 '무엇이든 악기가 된다'. '모든 공연은 소통이다', '아무나 할 수 있다' 등이다. 이 중 마지막 모토는 노리단의 기본 철학이자 한국 청년들이 나아갈 방향이 될 수 있다.

2) 장애인 자립을 돕는 유은복지재단

청년 관련 사업적 기업은 아니지만 장애인 자립을 목적으로 설립해 성공한 대표적 사회적 기업으로 유은복지재단을 꼽을 수 있다. 유은복지재단은 장애인을 수혜의 대상이 아니라 사회적 구성원으로 당당하게 살아갈 수 있는 기반을 마련해 주는 기업으로 평가된다. 오늘날 대부분 나라에서는 장애인 복지를 중시한다. 우리나라에서도 (장애인고용촉진법)이 1990년대 발의되면서 정부에서 장애인의 복지를 위해 노력하고 있으며, 이들을 사회에서 활동할 수 있도록 지원해 주는 기관이나 단체도 많이 생기고 있다. 하지만 장애인 복지는 장애인을 복지의 수혜자로 간주할 뿐 그들의 자활에 대한 관심은 부족하다. 이런 사회적 분위기는 장애인 복지에서뿐만 아니라 사회적 기업에서도 마찬가지이다. 사회적 기업이 국가의 지원을 받기 위해서 장애인 고용을 선호하는 것처럼 보이지만 그 속을 들어다보면 장애인 고용을 꺼리는 추세이다. 장애인을 고용하게 될 경우에는 업무의 능률이 떨어지고 관리에 있어서도 어렵기 때문이다. 물론 사회적 기업이 기업의 이윤을 경시할 수 없다는 특성에서 보면 이해는 되지만, 사회적 기업이 영리 기업과는 달리 사회적 미션을 시행해야 하는 기업임을 상기해 보면 납득하기 어렵다. 하지만 장애인을 고용해 이윤을 창출하는 기업도 적지 않다. 그 대표적인 기업이 바로 유은복지재단을 들 수 있다.

유은복지재단 이종만 목사는 경북 안동 서부교회에서 성장해서 계명대 기독교학과와 장신대학교에서 신학을 공부하고 목사가 됐다. 그는 안동에서 목회 활동을 하면서 장애인의 비참한 현실을 목도하면서 장애인 복지를 위한 사업에 관심을 가지게 되었다고 한다.

“학교에 다니던 한 초등 3학년 남학생이 겨울방학에 집에 다니러 갔는데, 봄이 돼도 학교로 돌아오지 않았어요. 저 영풍군에 있는 산골 그의 집으로 찾아가 보니 사람이 살 곳이 아니더군요. 천막 같은 허름한 곳에 할머니, 부모, 누나, 남동생 등 여섯 식구가 사는데, 다 농아인이었어요. 아이는 방학 동안 동네 아이들과 놀다 목뼈가 부러졌는데, 말을 못 하니 아픈 곳도 호소 못 하고, 아버지가 시내에서 사온 파스 한 조각 붙이고 누워 있었어요. 목이 뒤틀려 밥 한 술 뜨지 못하고 팔은 앙상하게 마른 채 싸늘히 식어가고…. 아이를 둘러업고 안동병원으로 뛰었습니다. 담당의사의 말이 목뼈가 부러져 영양실조에 걸린 상태인데 이런 경우는 임상 사례조차 없으니 가망이 없다고 하더군요. 그럼, 서울대학병원으로 데려가면 살릴 수 있겠냐고 매달리니 그냥 나가버리더라고요. 아이에게 ‘기도하자, 내 말이 들리면 눈을 깜박거려다오. 그러면 아멘으로 알겠다’고 했더니 아이가 힘겹게 눈을 깜박거리더군요. 그렇게 아이를 보냈습니다. 이런 현실 앞에서 사회를 원망하기 전에 먼저 ‘이종만, 넌 도대체 무엇을 했느냐’는 자책감부터 들었습니다.”

이종만 목사는 당시 장애인이 처한 현실을 접하면서 그들의 복지를 위한 방법을 모색하였다고 한다. 한국사회에서는 아직도 이종만 목사가 경험한 바와 같은 장애인이 적지 않다. 이런 장애인 스스로가 정상인과 같이 사회적 주체로 살아가기는 쉽지 않다. 그러나 장애인을 정상인과 비교하면, 신체적이나 정신적으로 차이가 있을 뿐 그들도 한 사람의 국민으로 살아갈 권리가 있다. 이들을 정상인과 비정상인으로 구분하면서 수혜의 대상으로 간주하기 보다는 그들이 사회적 주체로서 살아갈 수 있는 환경을 마련해 주어야 한다. 그래서 이종만 목사는 장애인의 복지를 수혜가 아니라 자활에서 찾고자 하였다. 그는 1998년 경북 안동시에 200평 건물을 임대해 봉제공장을 세우면서부터 장애인을 위한 복지사업에 뛰어들었다. 그는 특수학교 교사인 아내의 퇴직금으로 장애인이 할 수 있는 봉제사업을 선택해서 장애인 자활자립장을 세웠다. 그는 처음부터 사업장을 세울 계획은 없었지만 재봉 작동에 필요한 전기를 끌어오기 위해 사업자등록을 하면서 우연하게 사업주가 되었다고 한다. 장애인 재활을 위한 사회적 목적을 추구하기 위한 사업을 하다가 1997년 외환위기로 인해 어려움에 직면하게 되었다. 이 목사는 "개인 사업체로 시작해 경기가 어려워지니 빚이 3억7.000만 원까지 불어났다"라며 "현실이 너무 냉혹해 한때 야반도주를 할까도 생각했으나, 왜 이 일을 시작했는지를 생각하면서 견뎠다"라고 말했다. 하지만 힘든 시기를 장애인의 복지에 대한 열정으로 극복할 수 있었다. 1999년 이후부터 재단 경제 상황이 호전되면서 좋아졌다고 한다. 2001년쯤에는 개인적인 빚을 모두 청산하고 회사가 정상 궤도에 오를 수 있었다.

하지만 재활사업장을 운영하면서 새로운 어려움에 직면하게 되었다. 사회적 기업은 사회적 미션을 수행하는 과정에서도 어려움이 있지만 기업을 운영하는데 있어서도 어려움이 따른다. 당시 한국의 봉제 사업이 동남아 저개발국가와 경쟁에서 밀려나면서 생존하기 어렵게 되었다. 그래서 다른 사업으로 전환해야 할 필요가 있었다. 그러나 이종만 목사는 장애인의 자활을 위한 사업인 만큼 무엇보다도 장애인의 특수한 상황을 고려하지 않을 수 없었다. 즉 장애인이 할 수 있고, 일반인들보다 더 잘 할 수 있는 사업을 선정해야 했다. 그는 장애인 직원들과 상의해서 새싹 재배 사업으로 전환하기로 결정하였다. 새싹 사업은 다 자란 채소보다 영양소가 많을 뿐만 아니라 당시 한국사회에 웰빙이 유행하면서 유기농 채소의 수요를 충족시킬 수 있을 것으로 보았다. 그리고 무엇보다도 장애인들이 새싹을 재배하는데 어려움이 없다고 판단했다. 하지만 안동에서 새싹 사업에는 여러 어려움이 있었다. 우선 새싹 사업은 이미 막대한 자금력을 가진 영농조합법인, 농업회사법인과 경쟁해야 했고, 사업장이 소비자 대부분이 거주하고 있는 수도권에서 멀리 떨어져 있다는 어려움도 해소해야 했다. 당시의 이러한 문제를 해결하기 위해 장애인의 특수성을 활용하고자 하였다. 당시의 상황을 권남규 사무국장은 "경쟁력을 확보하기 위한 방법은 바로 차별화였어요. 기존 업체들이 자동재배기를 사용했는데 우리는 평상에서 수작업으로 맞섰습니다." 그 결과 수도권에서도 주문량이 늘어났다. 현재 전체 판매량의 60~70%가 수도권에서 판매되고 있으며, 2014년 한 해 29억 원의 매출을 올렸다고 한다. 또한 나눔공동체의 새싹채소는 올해 경북 우수 농산물로 지정되었으며, 국립농산물품질관리원에서 모범 농장에 인증하는 '스타팜'으로 지정되기도 했다. 특히, 지난 7월 고용노동부와 한국사회적기업진흥원이 주최한 '사회적기업의 날 기념식'에서 국무총리상을 수상하기도 하였다.

유은복지재단 이종만 목사는 그의 부인과 함께 호암상을 수상하였다. 호암상은 고 이병철 삼성그룹 회장의 유지를 받들어 사회에 공헌한 각 분야의 인물들에게 주는 상이다. 이종만 목사와 부인은 장애인 복지를 위한 공헌을 인정받아 호암상을 수상하였다. 이들 부부는 자녀가 없다고 한다. 이종만 목사는 장애인의 복지를 위한 삶을 살기를 결심하면서 아이를 가지지 않기로 그의 아내와 약속했다고 한다. 이 목사는 "아이를 가져서 가정을 꾸렸다면 장애인들을 제대로 돌보지 못했을 것"이라고 말했다. 그러면서 "만약 장애 아이들과 내 아이가 함께 넘어졌을 때 나는 목사 이전에 아빠로서 내 아이를 먼저 챙길 것이다. 만약 그렇다면 나는 목사가 되고 장애인 사역을 할 이유가 없다"라고 말했다. 이 목사는 비록 자신의 자녀는 없지만 그 대신 수많은 장애인 가족을 둘 수 있었다며 기뻐한다. 그들은 결혼식과 출산 등 경조사가 있을 때마다 장애인 가족이 찾아오면 행복하다고 한다. 이 목사 부부의 이러한 헌신적인 노력의 결실이 인정받아 호암상을 수상하게 되었다.

이목만 목사는 장애인과 고령층을 복지 수혜자로 간주하지 않고 사회 구성원으로 살아갈 수 있는 기회를 만들어 주었다. 이런 노력은 그의 기업 경영 운영에서도 찾아볼 수 있다. 유은복지재단은 장애인을 고용해 그들의 자활을 돕는 기업이다. 그래서 업무의 능률이 낮을 수밖에 없다. 하지만 이 목사는 장애인의 특수한 상황을 이해하고 인내심을 갖고 반복 훈련을 통해 극복하고자 하였다. 처음 일을 하는 직원에게는 한 달 동안 작업장을 경험하게 한 후에 자신의 적성에 맞는 일을 하도록 하게 하여 작업의 효율성을 높이면서 장애인이 일에 대한 자신감을 가질 수 있도록 하였다. 또한 나눔공동체의 경영운영은 "장애는 조금 불편한 것일 뿐, 다른 건강한 부분으로 함께 서로 도우며 나눔을 실천하고자 한다."이다. 이러한 그의 경영에는 장애인과 비장애인의 구분은 없다. 그들은 비장애인과 동일한 조건으로 입금을 받고 있으며, 장애인이 중간관리자를 맡기도 한다. 또한 최저임금 이상의 급여를 지급함으로써 장애인들이 땀 흘려 일한 대가를 정당하게 받고, 경제적인 측면에서도 사회에 적응할 수 있도록 돕는다.

유은복지재단은 지적·청각·지체장애 등을 가진 직원에서부터 일흔 살이 가까운 고령층까지 다양한 구성원들의 자활·자립을 가장 중요시한다. 그 결과로 지체장애 1급 판정을 받은 직원들이 나눔공동체에서 일하면서 2급을 받고, 2급을 받던 직원들이 3급을 받는 등 재활 측면에서도 기적 같은 일들이 벌어졌다. 뇌병변 장애를 지닌 정미곤 씨는 불편한 몸에도 대구미래대학에서 사회복지학을 전공할 정도로 배움에 대한 열의를 가졌다. 또한 김미정 씨의 경우에는 청각장애를 지녔지만 비장애인보다 더욱 활발하다. 최근 신형 자동차를 구입해 자가운전으로 출퇴근하고 있으며 여행, 쇼핑, 영화관람 등 의 다양한 취미를 통해 자신의 삶을 즐기고 있다. 직원들 대부분 장애를 가졌지만 비장애인보다 더욱 적극적으로 삶을 살아가고 있다.

이종만 목사는 한 신문사와의 인터뷰에서 "몸이 불편한 장애인들이 단순히 사회나 정부로부터 동정과 시혜의 대상으로 살아가는 것은 바람직하지 않다고 생각했다"라며, "스스로 땀 흘리며 열심히 일해 대한민국 국민으로서 세금 내는 자랑스러움을 느낄 수 있도록 하고 싶었다"라고 설립 취지를 밝혔다. 그는 장애자가 경제적으로 자립할 수 있는 길을 열어 주면서 그들이 사회의 구성원으로 살아갈 수 있는 자존감을 회복시키고자 하였다. 한국에는 취약계층이 많다. 그들은 정부의 지원을 받기는 하지만 일시적인 지원에 그칠 경우가 많다. 물론 일반인의 세계 부담도 적지 않다. 이런 문제를 제쳐두고서라도 더욱 근본적인 문제는 그들 자신이 사회의 일원으로 살아가기 보다는 국가로부터 도움을 받아야만 살아갈 수 있다는 열등감에 사로잡혀 있음에 있다. 이종만 목사는 "정부와 사회, 언론이나 목사들이 장애인 복지와 정책에 대해 말들이 많습니다. 그러나 한 번 만이라도 그들과 함께 살아볼 생각을 했을까요? 한 번 같이 살아보세요. 장애인은 도와야 할 대상이 아니라 협력해야 할 대상입니다." 이러한 문제를 해결하기 위해서 장애인 고령층을 고용해 그들이 자립할 수 있는 환경을 만들어 주고자 하였다. 이종만 원장은 "장애인이(그들의 존재를 숨길 수밖에 없어) 없는 사회가 바로 장애 사회"라고 하였다. 장애인을 수혜의 대상으로 보기 보다는 함께 협력하고 상생해야 하는 대상으로 간주하는 것이 정상적인 사회임을 강조한다. 유은복지재단은 이종만 목사 부부의 장애인을 대하는 태도와 사랑, 희생 그리고 그들의 상황에 맞는 사업을 효율적으로 운영하면서 사회취약계층에게 일자리를 제공함으로써 사회적 기업의 성공적인 모델로 평가받고 있다.

3) 신뢰로 지역을 살리는 안산의료생활협동조합

최근 지역 주민을 중심으로 협동조합이 생기고 있다. 그 중에 하나가 안산의료생활협동조합(이하 '안산의료생협')이다. 안산의료생협은 지역 문제를 스스로 해결하려는 지역 주민의 의지가 반영되어 형성되었다. 지난 1991년 안산에서 지역주민들의 분노를 일으킨 일이 발생했다. 안산천 상류 녹지 보존 지역에 도축장을 비밀리에 건설하려는 계획을 주민들이 알았기 때문이다. 지역 주민과 시민단체가 투쟁하면서 안산시의 건설 허가까지 떨어진 사업이 중단되었다. 안산 주민들은 이 사건을 계기로 지역 주민의 관심이 지역의 현안을 해결할 수 있고 지역을 발전시킬 수 있음을 인식하게 되었다. 안산의료생협도 이러한 배경에서 설립되었다.

도축장 반대 투쟁에 앞장섰던 환경모임과 예방의학에 관심을 가졌던 동의학민방연구회가 힘을 합치게 되었다. 두 단체는 서로 다른 목적을 위해 결성된 단체이지만 지역의 발전을 위한 단체라는 점에서 의기투합할 수 있었다. 안산은 전국 기초자치단체 가운데 외국인이 가장 많이 모여 있는 곳이다. 지난 2012년 기준으로 6만여 명을 상회하고 있다. 그 다음으로 외국인이 많은 서울 영등포구보다 약 3천여 명 더 많은 수치다. 그런데 이들 대다수는 외국인이라는 신분과 열악한 작업 환경으로 인해 의료·복지서비스 사각지대에 놓여 있었다. 통계 자료에 따르면, 안산시 일자리 4개 중 3개는 100명 이하 제조업체다. 설립 초기에 안산의료생협이 외국인 근로자를 대상으로 진료비의 70%를 할인해 준 것도 이 점을 염두에 뒀기 때문이다. 건강한 이웃과 함께 건강한 지역 공동체를 만들겠다는 지역민의 의지와 외국인 근로자들의 의료·복지서비스 해결이라는 외부 문제 해결을 위한 당위성을 갖고 의료생협을 설립하였다.

안산의료생협은 2000년에 조합원 300세대의 출자금 5,800만원으로 시작했지만 현재는 조합원 5,200여 세대, 출자금 5억 6,000만 원에 이른다고 한다. 조합원에게도 다양한 의료서비스를 제공하고 있다. 안산의료생협 설립 시기에는 지역의 의료복지 수요가 주동인이었다면, 성장 단계에서는 조합원의 역할이 크다. 일반적으로 의료생협이 유지되기 위해서는 조합원 모집이 중요하다. 일반적인 협동조합은 지역의 다양한 문제를 해결하기 위해 설립되기 때문에 여러 모델이 있다. 단지 조합원의 이익만을 위해 설립된 협동조합도 있지만 안산의료생협은 지역사회의 문제를 해결하기 위해 설립된 협동조합이다. 협동조합 성공은 조합원이 얼마나 강한 사명의식을 갖고 있는지에 의해 결정된다. 안산의료생협의 지배구조를 보면, 소액출자자가 대부분을 차지한다. 출자를 가장 많이 한 사람은 약 2,000만 원 정도이며, 전체 출자금 대비 4%가 되지 않는다. 백만 원 이상 출자 조합원도 10%를 넘어서지 않는다. 주식시장으로 따지면, 개미 투자자 비율이 90% 이상인 것이다. 이는 조합원 이탈에 따른 충격파가 덜해 안정적인 협동조합 경영에 도움이 된다. 실제 안산의료생협은 이사가 잦은 주택가 도심지에 위치해 있음에도 불구하고, 조합원 탈퇴 비율은 10%(신규 가입자 대비)로 매우 적은 편이다.

안산의료생협 출자의 질에서 조합원 개개인의 높은 충성도를 확인할 수 있다. 한 예로 안산의료생협에 매달 자동이체 방식으로 출자하고 있는 조합원 수는 약 1,000여 세대에 달한다. 전체 20%에 가까운 수치다. 게다가 이 중 절반인 500여 명은 평생 출자를 약정했다. 이는 시기를 정하지 않고 매달 출자금을 지불하는 조합원을 뜻한다. 예측 가능한 출자금이 지속적으로 유입됨으로써 안정적인 경영활동이 가능하다. 그리고 의료생협은 이익배당을 금지하고 있다. 최근에 지역사회 곳곳에서 사무장 병원으로 대표되는 유사 의료생협이 설립되고 있다.

이들 유사 의료생협에서는 조합원이 병원의 주인이라는 기본적인 원칙을 잊어버리고 사무장이 병원의 주인 행세를 한다. 그래서 조합원의 이익을 대변하지 않고 소수 경영진의 이익을 위해 허위로 조합원 명부를 작성해 이익배당을 하기도 하였다. 하지만 안산의료생협은 이러한 병폐를 차단하기 위해 "출자금에 따른 이익배당을 하지 않는다." 라는 내부규정을 정했다. 이런 조항이 조합원을 모으는 데 장애가 되기도 하지만 오히려 협동조합의 원래 취지를 드러내기 위해서는 도움이 된다.

안산 의료협동조합이 성공한 데에는 조합원의 충성도뿐만 아니라 지역사회와 네트워크 구축이 매우 중요하였다. 실제로 안산의료생협은 이전에 설립된 인천평화의료생협으로부터 의료생협설립을 위한 시스템과 운영방식의 노하우를 전수받았기 때문에 설립과정에서의 시행착오를 줄일 수 있었다. 그리고 지역의 개인병원 의사들의 협력 또한 간과할 수 없다. 의료생협은 병을 잘 고치는 진료뿐만 아니라 그 과정에서도 수요자들의 적극적인 참여가 보장되는 의료서비스 체계를 구현하기도 했다. 소유권은 조합원이 갖고 경영은 의료진의 몫이다. 의료에 대한 전문 지식이 부족한 조합원이 병원의 주인인 탓에 정보의 불균형을 최소화해야 했다. 이러한 한계를 안산 지역 의사들에 의해 극복할 수 있었다. 이 지역 의사들은 2010년부터 약 10년 간 자신의 병원 일은 뒤로 하면서 안산의료생협의 토대를 닦는데 헌신하였다.

그리고 안산의료생협이 성공한 데 있어서 자원봉사조직 또한 빼놓을 수 없다. 안산의료생협은 조합원들의 자발적 참여를 고취시키기 위해 자원봉사 프로그램을 운영하고 있다. 지역의 문제를 조합원 스스로 해결하는 경험을 갖게 됨으로써 협동조합이 제안하는 가치를 몸소 체득할 수 있었다. 안산의료생협의 자원봉사조직은 크게 둘로 나눠진다. 먼저, 조합원으로 이루어진 성인 봉사조직이다. 현재 약 50명으로 이루어져 있다. 다른 하나는 청소년 조직이다. 이들은 지역 학교와 협약을 맺고 사업을 진행하고 있다. 이 가운데, 청소년 자원봉사조직의 경우 단순히 이벤트성 기부 행사 동원 조직이 아니라 지역 사회를 움직여 갈 미래 세대라는 시각에서 잠재적 조합원으로 판단한다. 주된 자원봉사 영역은 돌봄, 보육 등 지역이 공업도시에서 필요로 하는 사회서비스이다. 2012년엔 인원 1,200여명이 참여해 약 3,000여 건의 자원봉사에 참여하였다. 조합원의 참여와 서비스 체계 구축을 위한 안산의료생협의 이러한 노력은 실질적인 경영 성과로 이어졌다.

안산의료생협의 조합원이 조합에 충성도가 높은 이유는 명확하고 구체적인 비전을 제시하고 있기 때문이다. 병원의 목표는 지역 주민의 병을 고치는 것이다. 그래서 안산의료생협은 무엇보다 다른 의료생협과 마찬가지로 조합원에게 줄 수 있는 다양한 의료서비스 개발에 나섰다. 가정의학과, 건강검진센터, 치과, 한의원 등으로 점차 확대시켰다. 의료진도 강화했다. 일반 의사 2명, 한의사 2명, 치과의사 2명, 간호조무사 4명, 간호사 1명, 임상병리사 1명, 방사선사 1명을 둬 여타 1차 의료기관에 전혀 뒤지지 않는 의료진 구성을 완료했다. 하지만, 이보다 안산의료생협이 조합원 모집을 위해서 강조한 부분이 있었다. 조합원들에게 줄 '가치'를 명확히 정하고 이를 전달할 수 있는 체계를 마련해 주었다. 한상운 안산의료생협 경영지원실장은 "이웃 의원보다 얼마가 더 저렴하고, 최신식 의료기기를 구비하고 있다는 것만으론 조합원의 마음을 얻는 데 한계가 있습니다. 보다 큰 가치를 제안해 조합원이 자부심을 갖고 협동조합에 관심을 갖도록 하는 것이 중요합니다."라고 하였다. 안산의료생협은 지역주민의 병을 고치는 것에서 그치지 않고 지역공동체에 어떻게 기여할 수 있는지를 분명하게 제시하고 있다. 안산의료생협은 병을 치유하는 것을 개인의 문제가 아니라 공동체의 문제로 확대시키고 이를 위해 지역주민의 참여를 유도

하였다.

안산의료생협은 차별화된 가치를 조합원들에게 인식시키기 위해 다양한 조합원 대상 교육 프로그램을 운영하고 있다. 소식지를 통해 안산의료생협 내부 활동을 공유하는가 하면, 보다 전문적이고 깊이 있는 교육을 위해 협동조합 아카데미를 연 2회 운영하고 있다. 또한, 신입 조합원을 위한 소모임 교육을 진행하고 있으며, 임원 또는 대의원이 되고자 하는 조합원을 대상으로 리딩그룹 아카데미를 운영하고 있다.

안산의료생협은 조합원의 강한 충성심과 지역공동체의 네트워크를 통해 발전하면서 지역주민의 건강에 기여하고 있다. 최근 안산의료생협은 사회적협동조합 전환을 계기로 새로운 비전을 선언했다. 의료와 복지를 중심으로 한 혁신적인 도시 공동체를 조합원들에게 제안했다. 지역 공동체가 직면해 있는 의료, 보육, 노인 돌봄을 해결할 목적이다. 비전달성을 위해 가장 필요한 것도 역시 조합원의 적극적인 참여다. 조합원 네트워크 활성화를 통해 이들 간 경제 및 사회적 교류가 활발해졌을 때 가능한 시나리오다. 최근 두레생협, 아이쿱생협 등 소비자생협과 화랑신협 등 지역 네트워크 구축에 힘을 쏟는 것도 같은 이유 때문이다. 이들 생협은 뜻을 같이하는 지역의 네트워크와 '착한자본'이 함께 했을 때 가능한 비전이다. 충성심 강한 조합원'과 '지역 공동체가 주축이 된 네트워크'는 안산의료생협이 지역에 꿈과 희망을 줄 수 있는 원동력이다.

2. 사회적 기업가 정신

사회적 기업가는 최근에 등장한 것은 아니다. 과거에는 인도주의자, 자선가, 개혁가, 성인 또는 단순히 위대한 지도자라 불렸다. 그들의 용기나 예지력, 연민과 같은 인도주의적인 능력은 중시되었으나 그들이 실천한 사업은 주목받지 못했다. 예를 들면, 성 프란체스코의 도덕적 가르침에 대해선 알고 있었으나 어떻게 프란체스코회가 그 시대에 가장 빠르게 성장한 교파가 되었는지는 알지 못한다. 동양전통사회에서도 주자가 성리학을 완성한 것은 알고 있지만 사창제를 통해 수많은 빈민을 구제한 사실은 알지 못한다. 실제로 주자는 중국 복건지방을 중심으로 사창제를 실시하여 29,578호의 대인 127,607인, 소인 90,276인을 구제할 수 있었고, 군주가 주자의 건의를 받아들여 사창제를 전국에 시행하면서 더욱 큰 성과를 이룩하였다. 사창제는 조선과 일본에서 널리 시행되어 동북아 전통사회에서의 복지정책으로 자리 잡게 되었다. 인류 역사를 보면, 성 프란체스코와 주자 뿐만 아니라 수많은 사회적 기업가와 유사한 인물을 찾아볼 수 있다. 그들은 인류애와 탁월한 사회사업 전략으로 수많은 빈민들을 구제할 수 있었다.

사회적 기업은 개인이나 회사의 이익 추구가 최선의 과제가 아니라 사회 문제 해결이 우선 과제이다. OECD 보고서(1999)에서는 사회적 기업을 공익지향적인 모든 형태의 민간 활동으로서 이윤 극대화가 아닌 사회적 배제 및 실업 문제와 같은 사회경제적 목표를 실현하기 위해 혁신적 해결방안을 가진 조직으로 정의하고 있다. 결국, 사회적 기업가 정신은 다양한 사회적 목적을 달성하기 위해 혁신적으로 자원동원 등을 통해 이익을 창출하려는 태도로 정의될 수 있다. 하지만 사회적 기업은 가처분 이익의 3분의 2 이상을 사회적 목적을 위해 사용해야 한다. 그리고 조직 운영에서도 사기업처럼 오너 경영자가 같이 마음대로 할 수 없으며 민주적 의사결정에 따라서 경영해야 한다. 그리고 기업가는 국가, 지차제, 지역 사회, 소비자의 지지와 관심을 얻기 위한 적절한 조치를 취할 수 있는 능력 또한 갖추고 있어야 한다. 사회적 기업가가 어려운 환경에서 성공하기 위해서는 자신을 희생하면서 공공의 이익을 위하여 일한다는 소명의식과 열정뿐만 아니라 사업 수완을 갖추고 있어야 한다. 이와 같이 사회적 기업가는 영리기업의 기업가보다 더 많은 조건을 충족시켜야 한다. 사회적 기업가가 성공하기 위해서는 수많은 성공요소가 있겠지만 여기서는 도덕적 품성과 사업가로서 갖추어야 할 능력을 중심으로 논의해 보고자 한다.

1) 사회가의 도덕적 품성

(1) 사회적 기업가 정신은 사회적 연민과 이웃 사랑에 기초해야 한다. 자본주의가 작동하는 원리는 인간이 지니고 있는 이기심에 근거한다. 모두가 각자의 이익을 효율적으로 추구하면 시장이 작동되어질 수 있다고 본다. 하지만 인간의 이기심은 경제적 부를 창출하기도 하지만 빈부격차, 환경오염 등의 다양한 사회적 문제를 일으키고 있다. 이런 사회적 문제를 해결하기 위해 등장한 기업이 바로 사회적 기업이다. 그래서 사회적 기업가는 사회에 대한 관심과 이웃에 대한 사랑을 지니고 있어야 한다. 실제로 사회적 기업가가 갖추어야 할 여러 조건이 있지만 그 중에서도 자신의 이익보다는 공동체를 위한 마음가짐이 중요하다. 사회적 기업가들은 유년기 때 경험한 이야기를 자주 한다고 한다. 보통 그들은 부모나 또는 친척 어른들이 주변에 따뜻한 마

음을 실천하고 부당한 일들에 대해 방관하지 않는 모습에서 영향을 받았다고 한다. 그들은 어릴 때의 경험이 사회적 기업가가 될 수 있는 동인이 되었다고 한다. 실제로 사회적 기업 분야의 선구자인 앨리스 테파 마틀린은 뉴저지의 풍족한 지역에서 살면서 그의 아버지를 따라 뉴욕시의 빈곤 지역을 자주 방문하였는데, 이때 느꼈던 감동적인 경험들이 그녀의 세상에 대한 이해를 바꾸어 놓았다고 한다. 이처럼 도덕적 소양을 지닌 사람들이 사회적 기업가가 될 수 있다. 사회적 기업가는 이러한 연민과 사랑을 실현하고자 하는 사람이다. 이런 따뜻한 마음은 사회적 기업가만이 아니라 사회적 기업의 종업원, 소비자, 후원자 모두가 지니고 있어야 한다. 이러한 사랑과 연민이 열악한 환경에 처해 있는 사회적 기업을 작동하게 하고, 어려운 환경을 극복할 수 있는 근본적이 동력이 된다.

(2) 사회적 기업가는 사회적 가치를 추구해야 한다. 자기의 이익보다 사회적 가치를 추구하는 일은 일반인에게는 쉽지 않는 일이다. 앞에서 언급한 바와 같이 열악한 조건에서 이윤을 창출하기는 어렵다. 장애인이나 노인들을 고용하는 기업이 많은데, 그들을 관리하기도 어려울 뿐만 아니라 그들을 통해 이윤을 창출하기는 더욱 어렵다. 이러한 열악한 조건에서 타인을 도울 수 있고, 사회를 위해 봉사하는 마음을 지니고 끈질기게 도전하는 정신이 중요하다. 이러한 사회적 가치를 위해 목표를 세우고 하면 된다는 정신으로 매진한다면 자본도 모이고 아이디어도 떠오르며 성공할 수 있다. 그래서 사회적 기업가는 사회적 문제를 해결하기 위해 기회를 엿보고, 장애요인과 결과를 분석하여 미래의 활동계획을 세워야 한다. 이들은 자신이 하는 활동의 질과 효율성에 많은 관심을 기울이고 자신이 공유한 사람들의 복지를 위해 노력을 아끼지 않으며 사람들의 일에 직접적으로 나서거나 파트

너로서 참여하기를 주저하지 않아야 한다. 그리고 단기적 이익보다는 장기적 상황이 어떻게 전개될 지에 더 많은 관심을 기우려야 한다.

(3) 사회적 기업은 신뢰 없이는 운영될 수 없다. 사회적 기업은 공동체 경제에 기반한다. 사회적 기업은 구성원들 간의 민주적 의사결정을 통해 운영되고, 사외에서도 정부, 기업, 지역주민, 그리고 소비자들 간의 소통을 통해서 운영될 수 있다. 이를 위해서는 사회적 기업가는 구성원 간에 신뢰할 수 있는 조직 네트워크를 만들 필요가 있다. 사회적 기업에서 취약계층들을 고용할 경우에는 경영자와 종업원 간의 갈등이 있을 수 있으며, 지역이나 정부와 불화가 있을 수 있다. 하지만 사회적 기업이 영리 기업에 비해 유리한 점이 있다면 기업 주변의 조직과 네트워크를 형성해 그들의 지지와 협력을 얻어 낼 수 있다는 점이다. 그러나 이는 그들과의 신뢰에 근거한다. 그리고 소비자와 신뢰도 중요하다. 사회적 기업 또한 제품과 서비스를 제공하는 조직이기 때문에 소비자의 신뢰도 중요하다. 믿음이 가지 않는 사회적 기업의 상품이 마음에 들고 가격이 적정하고 기능이 좋아 보여도 소비자는 외면할 수 있다. 그래서 사회적 기업가는 자신 주변의 사람들과 좋은 관계를 맺고, 기업 중심의 인적 네트워크를 형성하고, 상호 간에 신뢰할 수 있는 분위기를 조성할 수 있어야 한다.

2) 기업가 정신

사회적 기업가 정신의 특성은 비영리부문 조직들의 목적, 즉 사회적 목적을 달성하기 위해 전통적인 기업가 정신의 특성들을 활용한다는데 있다(Pestoff, 1998). 이러한 맥락에서 사회적 기업가 정신에서 가장 중요한 내용 중에 하나가 기업가 정신이다. 빌 드레이튼은 아쇼카 펠로로 선정되기 원하는 사람들의 98퍼센트가 이런 능력을 갖추고 있지 않다고 할 정도로 어려운 일이라고 하였다. 기업가가 아무리 열정적으로 사회적 문제에 관심을 지니고 있다고 하더라도 가업가적 자질을 갖추지 않으면 성공하기가 어렵다. 사회적 기업가에게는 해당 부문뿐만 아니라 궁극적으로 사회 전반을 변화시킬 수 있는 역량과 자질이 요구된다. 관리 능력이 뛰어난 것도 좋지만 고정관념에서 벗어나 자유로운 사고를 하고, 사회적 현실에 대한 통찰력을 지니고 있어야 한다. 또한 기업가적 자질로 무장된 사람은 단순히 아이디어에 만족하지 않고 실천한다는 점에서 학자와는 다르다. 사회적 기업가들은 자신의 아이디어가 실현되었을 때 세상이 어떻게 달라질 것인가에 대한 전망을 갖고 있어야 한다. 그들은 자신의 꿈이 특정부분, 특정 지역에서 실현되는데 그치지 않고, 사회 전체로 확산할 수 있도록 노력해야 한다. 이런 사회적 기질을 갖추기 위해서는 구체적인 상황에서 어떻게 문제를 해결할 것인가에 대한 구체적인 대안과 실천할 수 있는 능력을 지니고 있어야 한다. 여기서는 사회적 기업가 정신의 핵심을 혁신성(Innovation), 위험감수(Risk-taking), 진취성(Proactiveness) 그리고 사회적 목적추구(Social Mission)로 설명해 볼 수 있다.

(1) 혁신성: 사회적 기업가는 창의적인 마인드를 지녀야 한다. 사회적 기업에서 창의성은 크게 두 가지로 나누어 볼 수 있다. 하나는 사회적 가치의 창의성이다. 사회적 기업은 사회적 가치를 실현하기 위한 조직이다. 그래서 기업가는 사회적 문제에 관심을 가져야 한다. 사회적 문제는 인류가 발전하면서 늘 존재했던 문제이고, 미래에도 새로운 문제가 발생할 수 있다. 만약 어떤 문제가 있음에도 불구하고 모른

채 10년이 경과한 후에 그 문제가 저절로 해결되는 것은 아니다. 그래서 사회적 기업가는 새로운 사회적 문제에 관심을 가지면서 그 원인이 무엇인지에 대한 관심을 지니고 있어야 한다.

둘째는 문제 해결의 창의성이다. 새로운 사회적 문제를 발견했다면 그 문제를 해결할 수 있는 방법이 무엇인지에 대한 고민이 있어야 한다. 취약계층 아동들에 대한 문제를 발견하고 이를 해결하려는 사업을 하고자 한다면, 어떤 방법으로 할 것인가를 생각해 보아야 한다. 사회적 문제를 발견하는 것도 중요하지만 어떻게 해소할 것인가하는 방법 또한 중요하다. 실제로 인류의 미래 사회의 문제점을 지적하거나 어떻게 해야 하는지에 대해 언급한 지식인은 적지 않다. 하지만 자신의 삶을 헌신하면서 문제를 풀고자 하는 지식인은 적다. 그래서 문제 제기도 중요하지만 어떻게 해결할 것인가가 더욱 중요하다. 만약 어떤 사람이 사회적 문제를 발견하고 그 분야에 사업을 하고자 하지만, 그 누군가가 그 분야의 사업을 이미 하고 있다면, 새로운 기술과 접근방법을 모색해야 한다. 그래서 사회적 기업가는 사회적 혁신가로 보기도 한다. 사회적 변혁을 위한 아이디어가 얼마나 많은 사람들의 삶을 변화시킬 수 있는지, 그리고 그 영향은 사회적으로 어떤 의미를 지니는지를 생각해 보아야 한다.

(2) 위험감수(Risk-taking)는 조직의 내적·외적 운영에 나타나는 특성이다. Sullivan(2007)의 연구에서는 사회적 기업가는 영리조직의 기업가와는 다른 위험요소가 있다고 지적하였다. 영리조직에서는 다양한 출자나 은행대출과 같은 기금조성에 있어서 다양한 방법을 활용할 수 있지만, 사회적 기업가는 그들 운영을 위하여 기금을 확보하는 것은 매우 제한적이다. 그들 수입의 원천은 사회적 서비스를 제공받는 고객에 의한 요금, 정부지원, 기부금, 스폰서 등의 다양한 방법에 의해

창출되지만, 정부지원에 대한 불확실성, 기부금 조성에 대한 경쟁 등이 있을 수 있다. 따라서 사회적 기업가는 수입원천에 대해 예측하기는 어렵다. 그리고 투자된 기금에 대하여 확실하게 나타낼 수 있는 영리조직과 같이 금전적 형태로 투자수익률이 보장되지도 않는다. 앞에서도 언급한 바와 같이 열악한 환경에서 그것도 숙련되지 않는 취약계층을 고용해 상품을 제작하는 사회적 기업이 많다. 그들이 취약계층을 고용해서 자립시키고자 하는 사회적 목적은 달성할 수 있겠지만 그들이 제작한 상품의 질은 동일한 제품을 생산하는 영리기업의 상품과의 경쟁에서 떨어질 수 밖에 없다. 그래서 사회적 기업의 상품 판매에 있어서도 어려움이 있다. 사회적 기업가는 자원 조달, 조직 경영, 상품 판매 등에서 영리기업보다 많은 위험감수를 극복할 수 있는 능력을 지니고 있어야 한다.

(3) 사회적 기업가는 시장에 대한 사회서비스의 제공과 시장에서의 성장을 위하여 진취성을 지니고 있어야 한다. 사람은 자신의 이익을 위해서는 끊임없이 노력하기도 하지만, 사회적 가치를 추구하는 일에 있어서는 포기하기 쉽다. 잠시는 할 수 있겠지만, 정부나 지자체에서도 외면한 사회적 문제를 해결하기 위해 끊임없이 매달린다는 것은 쉽지 않다. 개인의 이익보다는 공동체의 이익을 위해 뜨거운 가슴으로 끈질기게 도전하는 정신이 바로 사회적 기업가의 정신이다. 사회적 사업이 실패하더라도 그 실패에서 교훈을 삼아서 끊임없이 도전할 수 있어야 한다. 이와 같은 진취성을 가진 사회적 기업가는 변화의 대리인으로서 활동하는 셈이다. 점차 증가하고 있는 경쟁적 환경은 사회적 기업이 그들이 추구하는 사회적 가치창출활동에 있어서 끊임없는 혁신을 요구하기도 한다. 예를 들면 과거 추세에 따라 케어서비스가 필요한 사람들은 순차적으로 퇴직마을에 가고 난 다음 호스텔로

이동하고, 다음으로 홈케어가 필요한 것처럼 단계적으로 서비스가 필요하게 된다. 사회적 기업은 사람들에게 점차 높은 수준의 케어가 필요한 만큼 사회적 서비스를 제공해 줄 수 있어야 한다. 이와 같이 사회적 기업은 그 내부의 어려움을 극복하기 위해서 노력해야 하지만 새로운 사회 환경에 대응하기 위해서라도 끊임없이 노력하는 자세가 필요하다.

3. 사회적 기업 창업 보고서 작성법

사회적 기업은 사회적 가치를 실현하고자 하는 기업이다. 그러나 사회적 기업도 역시 기업이기 때문에 수익을 창출해야 한다. 그래서 사회적 기업가도 영리 기업가와 마찬가지로 창조적이고 효율적인 사업적 마인드를 지니고 있어야 할 뿐만 아니라 새로운 분야와 시장을 개척하려는 개척 정신을 지니고 있어야 한다. 그러나 사회적 기업이 처한 특수한 환경, 즉 취약계층의 고용, 기술력의 부족, 자원의 부족 등으로 인해 영리 기업과의 경쟁에서 수입을 창출하기가 쉽지 않다. 그래서 사업적 기업을 창업하기 위해서는 더욱 철저하게 준비해야 한다. 창업 당시 어떠한 사회적 문제가 있는지를 파악해야 하고, 창업하려는 분야에 아직 선점되지 않는 시장을 찾아야 하고, 어떤 상품을 만들어 어떻게 판매할 것이며, 공장이나 회사의 운영자금은 어떻게 확보할 것이며, 수익은 어떻게 낼 것이고, 주변의 자원을 어떻게 활용할 것이며, 소비자와 지역사회에 지지와 협력을 이끌어내기 위해서 어떻게 홍보해야 하며, 마지막으로 경영자의 역할은 무엇인지에 관해 생각해 보아야 한다.

1) 사회적 기업 사업계획서 작성 시 갖추어야 할 능력

첫째, 사회적 기업가는 사회혁신 프로그램을 개발할 수 있는 능력을 습득해야 한다. 서구자본주의가 경제적인 문제에만 목적을 두었다면, 사회적 기업은 인류 전체의 복지를 증진시키기 위해서 운영된다. 그래서 사회적 기업가는 제한적인 사회적 자원을 효율적으로 운영하면서 그 사업을 확대할 수 있는 혁신적인 방법을 지니고 있어야 한다. 사회적 기업은 경제적 이윤을 창출하기 위한 혁신이 아니라 빈곤계층, 환경문제, 일자리창출 등의 사회적 문제를 효율적으로 해소할 수 있는 혁신적인 방법이 필요로 한다. 사회적 기업이 사회적 서비스를 맡아서 한다면, 정부보다 효율적으로 운영할 수 있고, 민간 기업보다 공익적이며, 시민단체보다 유연하게 서비스의 질을 개선할 수 있는 혁신적 프로그램이 필요하다. 사회적 기업가가 기업가적인 자유로운 발상과 투철한 사회적 소명을 가지고 사회의 빈틈이 무엇인지 그 빈틈을 메우기 위해 어떻게 해야 하는지를 현장에서 고민하고 직접 그곳에 뛰어들어 해결방법을 찾을 수 있도록 해야 한다.

둘째, 사회적 기업은 여러 조직으로부터 지지와 협력을 얻어야 한다. 사회적 기업은 영리 기업과는 달리 어떠한 사회적 문제를 해결할 것이며 자신의 회사가 그 문제를 해결하면서 이윤을 창출할 수 있는지에 관해서 생각해 보아야 한다. 사회적 기업은 영리 기업이 이윤 창출만이 아니라 사회적 가치를 실현해야 한다. 그래서 경영환경이 영리 기업보다 더 어려울 수도 있다. 하지만 사회적 기업의 시장 환경이 영리 기업보다 불리한 것만은 아니다. 사회적 기업은 시민사회와 일반 소비자들의 협력과 지지를 얻을 수 있다. 앞에서 이미 언급한 바와 같이 사회적 기업은 국가가 담당해 온 사회적 문제를 해결하는 기업이다. 그래서 사회적 기업은 소비자들의 지지와 협력을 얻을 수 있다. 또한 소비자들이 효율적인 구매 방식에서 벗어나 공공성의 가치를 중시하기 때문에 영리 기업과 동일한 제품이라면 사회적 기업이 생산한 제품을 선호할 수 있다. 실제로 지속가능연구소에서 대학생을 대상으로 하는 설문조사에서 친환경적인 제품이나 사회적 책임을 다하는 기업의 상품이 비싸다고 하더라도 구매하겠다는 대학생이 70%에 이른다고 한다. 이는 최근 소비 패턴이 효율적인 소비에서 윤리적 소비로 전환하고 있음을 반영하고 있다. 이런 소비자들의 사회적 기업에 대한 관심과 지지는 기업이 원래 목적인 사회적 가치를 실현하려고 할 때에만 지지를 얻을 수 있다.

셋째, 기존의 사회적 기업을 조사하고 문제점을 분석할 수 있는 자료를 구축할 수 있어야 한다. 사회적 기업은 사회실천이다. 그래서 기존의 조사와 연구를 통해서 사업을 할 수 있어야 한다. 이를 위해서는 현행 사회적 기업을 영역별, 지역별로 조사해 볼 필요가 있다. 최근 사회적 기업은 인문학, 예술, 생태사업, 금융사업, 여행사업, 공학 분야 등의 영역에서, 지역별로 농촌 살리기 사업, 지역공동체 자활사업, 최빈국을 대상으로 하는 봉사활동, 생태 문제 등으로 다양하게 전개되고 있다. 이러한 자료를 활용하여 자신의 전공 영역이나 관심 분야의 사회적 기업을 조사해 보고, 그 한계성을 분석하고 새로운 사회적 기업을 창업할 수 있는 준비 단계로 삼아야 한다.

넷째, 사회적 기업 창업보고서를 작성할 수 있는 능력을 지녀야 한다. 사회적 창업계획서는 사회적 미션을 달성하기 위한 사회적 기업경영의 설계도이다. 사회적 창업보고서는 영리기업과 다른 특징을 지닌다. 영리기업이 개인과 기업의 이익 추구만을 위한 목적으로 작성된 것이라면, 사회적 창업보고서는 사회적 미션과 사회적 효과에 근거해 작성되어야 한다. 이를 위해 사업아이디어와 사회적 미션을 분명히 이해할 수 있고, 외부환경과 내부역량을 분석할 수 있어야 한다. 그리고 비즈니스 모델을 바탕으로 사회적 미션과 비즈니스 목표를 수립하고 이를 달성하기 위한 개발, 생산, 판매, 재무 등의 세부 경영 활동을 어떻게 수행할 것인지를 구체적이고 체계적인 계획서를 작성해야 한다. 그 밖에 사회적 기업에 대한 이해, 소셜미션 수립과정, 이해자 공감 확보, 미션정의, 사회적 경제적 가치 파악 등에 관해 충분하게 이해해야 한다.

2) 사회적 기업 창업 계획서 작성법

사회적 기업 창업계획서는 사회적 미션을 달성하기 위한 사회적 기업 경영의 설계도이다. 사회적 기업 창업보고서는 영리기업과 다른 특징을 지닌다. 영리기업 창업보고서가 개인과 기업의 이익 추구만을 위한 목적으로 작성된 것이라면, 사회적 기업 창업보고서는 사회적 미션과 사회적 효과에 근거해 작성되어야 한다. 이를 위해 사업아이디어와 사회적 미션을 분명히 이해할 수 있고, 외부환경과 내부역량을 분석할 수 있는 프로그램이 필요하다. 그리고 비즈니스 모델을 바탕으로 사회적 미션과 비즈니스 목표를 수립하고 이를 달성하기 위한 개발, 생산, 판매, 재무 등의 세부 경영 활동을 어떻게 수행할 것인지를 구체적이고 체계적으로 계획서를 작성해야 한다. 그 밖에 사회적 기업 창업계획서 작성 시 유의사항, 소셜미션 수립과정, 이해자 공감 확보, 미션정의, 사회적 경제적 가치 파악 등을 이해하고 있어야 한다.

사회적 기업 창업에 있어서 우선 문제 발견이 중요하다. "최근 청년 실업 문제가 심각하구나.", "어린이집에 들어가지 못한 대기 아동이 많구나.", "독거노인이 증가하고 있어"와 같이 사회문제에 관심을 가지는 단계이다. 사회적 기업가는 이런 사회 문제에 대해 늘 관심을 가져야 한다. 이는 바로 이웃에 대한 사랑의 표현이기도 하다. 최근에 인성교육이 중시되는 것도 자신만의 이익만을 생각하고 타인이나 이웃에 대해서는 관심이 없는 세태에 대한 비판이기도 한다. 이제는 나만이 아니라 이웃과 함께 공존해야 한다. 그래서 늘 이웃의 문제에 관심을 가지고 해결 방안을 모색하는 것이 진정한 이웃 사랑이라고 할 수 있다. 그래서 사회의 새로운 문제에 늘 관심을 지니고 있어야 한다. 사회가 변화하면서 항상 새로운 문제가 발생하기 마련이다. 이러한 사회적 문제는 텔레비전이나 신문 같은 보도 매체를 통해 알게 되는 경우도 있으며 학교 수업을 통해서도 알 수 있다.

그리고 이러한 사회적 문제가 있다는 인식에서 그치는 것이 아니라 문제가 왜 일어났는지 자세히 조사하고 분석하는 단계가 필요하다. 즉 청년실업이 왜 발생했는지, 대기 아동이 왜 생기는지, 독거노인이 왜 증가하는지에 관한 여러 원인을 생각해 보아야 한다. 니트가 발생하는 문제를 예로 설명하면 다음과 같다. 첫째, 학교를 졸업하고 니트가 된다. 둘째, 학교를 중퇴하고 니트가 된다. 셋째, 회사나 아르바이트를 그만두고 니트가 된다. 이와 같이 니트가 발생하는 문제를 분석하면서 가장 본질적인 문제가 무엇인가에 대해서 알아야 한다. 어떤 문제가 발생하는 근본적인 원인을 분석하지 못하고 표층적인 진단에 그친다면 그 사회적 문제를 해결하는 데 큰 도움이 되지 못한다. 발본색원(拔本塞源)이라는 말이 있듯이, 그 문제를 심층적이고 본질적인 차원에서 접근해서 해결하고자 하는 노력이 필요하다. 그리고 이러한 문제가 발생하는 경로에 적합한 대책을 세워야 한다.

그런 후에 과제를 발견해야 한다. 문제 분석에 따라 근본적인 문제를 해결할 수 있는 과제를 발견해야 한다. 니트 문제로 설명하면, 졸업할 때 진로를 정하지 않고 니트가 되는 이유와 배경 그리고 니트가 된 이후 그 상태가 장기화되는 이유와 배경을 파악하는 일이 중요하다. 즉 그 문제에 대해 생각하고 해결할 과제를 결정하는 단계이다. 이 단계에서는 10년 후 사회를 생각해 보는 것도 중요하다. 내가 사는 지역 또는 업계에 관심을 두고 있는 업종은 과연 10년 후에 어떻게 되어 있을까를 생각해 본다. 만약 주변 지역이나 사회에 무엇인가 문제가 있다고 느낀다면, 그것을 그대로 방치해 둔다면 10년 뒤의 모습은 어떤 모습일까를 상상해 본다. 10년 뒤에는 꽤 심각한 상태가 되겠군. 이런 생각이 든다면 그 10년 후를 어떻게 바꾸고 싶은가, 그 바람직한 모습을 상상해 보자. 그리고 자신이 상상한 모습을 기준으로 10년 전인 지금 시점, 즉 현 단계에서 세워야 할 대책은 무엇인가를 생각해 볼 수 있다. 이와 같이 미래를 기준으로 시간을 계산해 보면 지금 해야 할 일에 우선 순위를 정할 수도 있다. 10년 뒤 사회의 이상적인 모습과 현실 사이의 격차를 좁히려는 노력을 기울일 때 심각한 위기에 처할 10년 후 보다 좋은 10년 후로 바꿀 수 있다. 이런 행동이야말로 사회문제를 해결하는 소셜 비즈니스가 맡아야 할 역할이다.

대책 입안은 과제를 해결하기 위해 구체적으로 대책을 새우는 일을 말한다. “어떻게 하면 진로가 정해질까?”, “어떻게 하면 중퇴하지 않을까?”, “어떻게 하면 이직하지 않을까?”, “어떻게 하면 니트 상태가 장기화하지 않을까?”와 같은 문제에 대해 대책을 생각해 본다. 바로 이것이 소셜 비즈니스의 근간이 된다. 그러나 위와 같은 사회적 문제를 발견하고 대안을 제시하는 것만으로 사회적 기업이 성립되는 것은 아니다. 이를 토대로 해서 사회적 기업을 창업하기 위해 준비해야 한다.

여기서 비즈니스 모델을 만들 필요가 있다. 비즈니스 모델은 입안한 사회문제에 대한 대책을 어떠한 상품이나 서비스로 연결하는가 하는 문제로 이해될 수 있다. 즉, 무엇을, 누구에게, 얼마나 팔까? 후원금 보조금에 의존하지 않고 어떠한 자립형 비즈니스 모델을 만들 것인가에 대해 생각해야 한다.

모든 기업은 판매로 시작되며, 판매는 시장에서 이루어진다. 어디에서 무엇을 어떻게 팔 것인가를 결정하는 것이 모든 기업의 가장 기본적인 의사결정 사항이다. 사회적 기업이 활동하는 공간도 시장이며, 넓고 다양한 시장들 중에서 활동할 영역을 구체적으로 결정해야 한다. 세상의 수많은 시장 중에서 어디에 위치를 잡아 어떤 서비스를 어떤 방법으로 마케팅을 하여 고객을 만족시킬 것인가에 대해 근본적인 질문을 해야 한다.

고객은 필요에 의해 구매한다. 모든 구매는 고객의 구체적인 욕구의 표현이다. 사람마다 욕구가 다르듯 고객의 구매 이유도 각양각색이다. 개별 고객이 느끼는 경제성과 합리성도 사람마다 주관적이다. 고객의 모든 구매 행위는 각자가 품고 있는 내면의 욕구를 독특한 방법으로 나타내는 개성의 표현일 수도 있다. 어떤 사람은 앞날에 대비하여 사전구매를 하지만 어떤 사람은 필요가 눈앞에 닥쳐야 구매한다. 어떤 사람은 기능을 보고 구매하지만 어떤 사람은 디자인을 중시한다. 어떤 고객은 무조건 싸야 사지만 어떤 고객은 비싸도 기꺼이 구매한다. 현재의 고객이 영원할 수도 있지만 두 번 다시 오지 않을 수도 있다. 한 번도 마주친 적 없는 수많은 사람들도 언젠가는 나의 고객이 될 수 있는 잠재적 고객이기도 하다. 이렇게 천차만별인 고객들 중에서 특정 범주에 있는 사람들을 나의 고객으로 상정하여 비즈니스를 해야 한다. 그렇다면, 고객이 누구인가에 대한 정확한 인식을 지니고 있어야 한다.

기업은 판매를 통해서만 지속 성장한다. 어떠한 판매도 고객이 선택한 결과일 뿐 기업이 강요할 수는 없다. 기업이 할 수 있는 일은 고작 고객이 자사의 상품을 선택할 수 있도록 최선을 다하는 것뿐이다. 어떻게 하면 고객이 내가 제안하는 상품을 통해 욕구를 해결하고 최고의 가치를 느끼게 할 것인가가 문제의 관건이다. 고객이 기꺼이 자사의 상품을 구매하도록 하고, 사용한 후에는 더 큰 감동을 느끼도록 하는 것이 마케팅의 핵심이다. 기업의 이윤이란 고객을 감동시킨 결과물일 뿐이다. 고객은 절대로 기업을 살리기 위해 소비하지 않는다. 스스로 최선의 선택이라고 생각하면서 구매하고 소비하며 기업은 그러한 가치를 제공한 대가로 반사이익을 획득하여 수익을 내고 성장한다. 이처럼 고객을 향한 구애의 전 과정을 창조하고 실행하는 일이 바로 마케팅이다. 사회적 기업도 마케팅에서 실패하면 살아남을 수 없다. 마케팅은 모든 기업 활동의 핵심이다. 지역사회에 기반을 두고 있는 사회적 기업은 특히 지역 밀착 마케팅에서 특별한 능력을 발휘할 수 있다.

사회적 기업가들 중에는 철저한 자기 관리와 혁신을 통해 사회적 기업의 방향과 역할에 대한 이해에는 해박하지만 기획, 생산, 판매 관리라는 일관된 기업 활동 전반을 운영할 수 있는 경영자로서의 능력이 부족한 사람이 많다. 그 중에서도 특히 숫자에 매우 약하다는 점이 일반적인 현상이다. 사회적 기업도 엄연히 기업이다. 기업의 모든 계획과 실행 그리고 성과는 물론 기회와 위험까지도 숫자로 표현된다. 숫자에 대한 이해가 없다면 기업경영이 어렵다. 단적으로 예산의 편성, 무분별 목표와 성과, 수시로 변하는 판매고와 현금 흐름, 모든 재무표의 표시는 오직 숫자를 통해서 이해할 수밖에 없고, 경영자의 판단이나 지식 또한 숫자를 통해서만 가능해진다. 따라서 숫자를 이해하고, 숫자로 말하고, 숫자에 의한 경영을 해야 사회적 기업가도 성공할 수 있고, 사회적 기업도 성공적으로 경영될 것이다.

사회적 기업은 이웃과 사회와 국가의 지속적인 관심과 지원으로 살아남는다. 나의 직접적인 이해관계가 없는 많은 사람들과 지속적인 연계를 유지하면서 그들에게 공감을 일으키고 사랑을 받으려면 효과적인 네트워킹이 필수적이다. 사회적 기업은 지향하는 사업의 취지와 사회적 가치를 널리 홍보하여 꾸준히 후원자들을 만들어야 한다. 이웃 주민들, 종교단체, 학교, 지방 정부와 시의회, 지역사회의 각종 사회단체, 학생과 자원봉사자들, 얼굴 없는 후원자들이 모두 사회적 기업의 잠재 고객이며, 미래의 후원자들이다. 이들과의 효과적인 네트워킹은 사회적 기업을 유지하고 성장시키는 촉매이자 윤활유라 할 수 있다. 사회적 기업의 네트워킹은 마케팅 기법 중에서 아주 소중하게 다루어야 할 부분이다.

4. 사회적 기업 실천을 위한 제언

사회적 기업은 국가나 기업에서 운영하는 것이 아니라 시민사회나 사회봉사단체 그리고 종교재단에서 일반적으로 운영되고 있다. 사회학자는 국가를 1섹터로, 기업과 시장을 2섹터로 보면서 그 이외의 조직을 3섹터로 보고 있다. 사회적 기업은 정부의 지원을 받긴 하지만 그것은 사회적 기업의 정상적인 방법은 아니다. 정부의 지원에 의존하기 보다는 사회적 기업 또한 기업인 이상 독립적으로 이윤을 창출하면서 기업을 운영할 수 있어야 한다. 그래서 이러한 사회적 기업은 일반적으로 시민단체나 봉사단체에서 시작하였기 때문에 이를 3섹터로 본다. 그러나 한국에서 사회적 기업이 발전하기 위해서 3섹터에 대한 충분한 인식을 지니고 있어야 한다. 한국에서의 3섹터에서 시민사회보다 더 넓게 영향력을 미치는 집단이 바로 연고집단이다. 그래서 이런 연고 집단을 활용한 사회적 기업을 생각해 볼 수 있다. 물론 이러한 연고 집단이 한국사회의 여러 문제를 초래하기도 하지만 이는 실제로 공적인 문제에 있어서이다. 그러나 사적인 영역에서 연고 집단은 중요한 영향을 미친다. 그래서 사회적 기업의 운영도 이러한 연고 집단을 중심으로 운영될 필요가 있다고 본다.

한국사회의 비영리기관의 특징이 이러한 연고 집단이라고 한다면, 한국의 사회적 기업 또한 이러한 연고 집단을 중심으로 생각해 볼 필요가 있다. 이와 같을 때 협동조합 위주의 유럽형 사회적 기업이나 사회복지단체를 중심으로 하는 미국형과 구별되어지는 동북아식 사회적 모형을 구축할 수 있을 것으로 보인다. 그리고 참여대상 또한 유럽과 같은 소외계층 위주의 기업이 아닐 뿐만 아니라 몇몇 복지가 위주의 미국형과도 구별되며, 대부분의 중산층 중심의 사회적 기업이 탄생할 수 있다. 이러한 조직들은 자체의 유대와 신뢰에 근거한 사회적 기업을 경영하면서 그 조직 자체 내의 빈곤층을 구제하기 위한 사업을 하며, 그 조직과 관련 있는 사회적 서비스를 창출할 수 있는 사업을 벌일 수도 있을 것이다. 그래서 집단내의 친구나 친척에게 생활비 일부를 제공해 주는 것이 아니라 스스로 생산 활동에 종사할 수 있는 환경을 구축하면서 그들이 그 집단의 일원으로 또는 사회의 일원으로 적극적으로 참여하게 할 수 있다. 이와 같이 연고형 사회적 기업은 그 집단 내부의 실업자 구제나 빈곤층 학생들의 장학금을 확보, 노인복지, 향우회에서는 고향 마을 공동체 살리기 프로젝트 등을 운영할 수 있다. 이러한 사회적 기업은 분명 문화적 공감도와 혈연적 유대를 지닐 수 있기 때문에 더욱 큰 효율성을 지닐 수 있을 것이다. 그래서 무엇보다도 중요한 것은 한국사회의 복지나 인류 전체의 복지라는 거대한 목표를 미리 생각하기 보다는 우선 각자의 연고 집단의 빈곤층의 문제와 사회적 서비스를 창출할 수 있는 것에서부터 시작해 볼 수도 있다.

그리고 그 사회적 기업에서 얻은 수익은 영리기업과는 달리 일부분을 사회에 환원해야 한다. 자신의 주위 연고 집단을 대상으로 할 뿐만 아니라 그 연고 집단이 성공할 경우에 그 외연을 넓혀 나갈 수 있고, 다른 영역과 연대하여 더욱 큰 네트워크를 구축할 수도 있다. 연고 집단 중심의 사회적 기업은 미국이나 유럽의 비영리 비정부 부문의 조직과는 달리, 연고 집단의 구성원들이 연고 집단에 소속되어 있으면서도 동시에 제1부문이나 제2부문에서 자신의 직업을 가지고 있다. 이러한 소속의 이중성으로 인해서 연고 집단의 구성원들이 1부문인 국가의 관료가 될 수 있거나 2부문인 기업의 구성원이 될 수도 있다. 그래서 서구의 비영리, 비정부부문과는 달리 한국사회의 연고 집단은 국가나 시장과 구분되는 제3의 부분으로 존재하기 보다는 국가부문과 시장부문의 내부에 존재하고 있다고 보는 것이 오히려 타당한 표현일지 모른다.(유석춘, 장미혜, 1999. p.138) 물론 과거와 같이 연고 집단과 국가부문과 시장부분이 분리되지 않으면서, 동북아 사회에서는 국가의 관료와 기업의 경영진은 자신의 연고 집단을 배경으로 연결망을 구축하고 자신의 이익을 관철하기도 하였다. 그러나 서구의 합리성이 제도권과 시장에서 더욱 강화되어지고 있는 상황에서, 정부조직과 영리조직에서 연고 집단의 논리가 더 이상 적용될 수는 없다. 이와 같이 연고 집단과 정부와 시장조직을 분명하게 구별하고, 각 영역이 각자의 기능을 다하면서 서로 간에 조화를 추구할 수 있다. 연고집단형 사회적 기업은 사회적 기업의 발전에 있어서도 매우 중요할 뿐만 아니라 시장과 국가도 또한 효율성, 자본화 일면으로 치닫는 것에 대한 견제할 수도 있을 것이다. 그 소통의 주체는 바로 개인이다. 즉 개인은 연고집단에 소속되어 있으면서 정부와 시장조직에 속해 있는 만큼 어느 한쪽에 치우치지 않도록 조화의 역량을 다할 수 있다.

사회적 기업은 복지단체와 달리 조직 자체가 사업을 통해서 이윤을 추구함을 부정하지는 않는다. 그래서 연고 집단의 회원의 의무는 바로 회비를 내는 것에 있다. 회원의 회비를 잘 운영하여 자신이 속해 있는 연고 집단의 빈곤층을 도울 수 있다. 그리고 개인은 연고 집단에 속한 구성원이기도 하지만 국가와 시장에 속해 전문인기도 하다. 그래서 기업인은 자신이 속한 사회적 기업에 전문적인 경영마인드를 지원할 수 있을 뿐만 아니라 국가에서도 이러한 공공사업에 더욱 많은 지원이 가능하도록 적극적으로 노력할 수도 있다. 그러면서도 동시에 사회적 기업에 적극적으로 참여할 수도 있다. 그리고 그 영리집단의 수익은 또 다른 사회적 기업에 재투자할 수도 있다. 즉 마을단위에서 얻은 수익은 오히려 市나 道 단위의 사회적 기업에 투자할 수도 있을 것으로 보인다. 앞에서 바와 같이 사회적 기업의 성공여부는 결코 자금에 있는 것이 아니라 신뢰와 유대에 있다. 사회적 기업에서는 '殺身成仁'과 같은 큰 사랑이 아니라 바로 이웃과 친구에 대한 조금만한 사랑과 관심이 가장 근본적이고 핵심적인 요소이다.

REFERENCES

참고문헌

저서

김교성 외(2011), 『한국의 빈곤』, 나눔의 집.

김근홍 외(2013), 『사회문제론』, 신정.

김성기(2011), 『사회적 기업의 이슈와 쟁점』, 아르케.

김수현 외(2013), 『한국의 가난』, 한울.

김영화 외(2011), 『사회문제』, 양서원.

김정원(2009), 『사회적 기업이란 무엇인가?』, 아르케.

노병일(2013), 『사회문제론』, 창지사.

뎅비드 본스타인, 수전 데이비스(2012), 『사회적 기업가 정신』, 지식공작소.

데이비드 본스타인(2013), 『사회적 기업가와 새로운 생각의 힘』, 박금자 외 옮김, 지식공작소.

박영숙·제롬 글렌(2016), 『유엔미래보고서 2050』, 교보문고.

박철현(2014), 『사회문제론』, 박영사.

스베냐 플라스푈러(Svenja Flasspöhler)(2013), 『우리의 노동은 왜 우울한가- 경쟁사회에서 자유와 행복을 찾아서』, 로도스.

아디야 샨티(2015), 『깨어남에서 깨달음까지』, 정성채 옮김, 정신세계사.

양준호(2011), 『지역과 세상을 바꾸는 사회적 기업』, 도서출판 두남.

우인회(2010), 『성공하는 사회적 기업의 9가지 조건』, 황금고래.

유권종 외(2009), 『유교적 마음모델과 예교육』, 한국학술정보(주).

유명선(2007), 『보노보 혁명』, 도서출판 부키

원석조(2012), 『사회문제론』, 양서원.

이수현(2006), 『우리옆의 약자』, 산지니.

이윤재(2010), 『사회적기업 경제』, 탑북스.

정지우(2014). 『분노사회』, 도서출판 이경.

장하성(2016), 『왜 분노해야 하는가』, 헤이북스.

정선희(2005), 『한국의 사회적 기업』, 다우.

정승재 외(2010), 『사회문제론』, 학지사.

조영복(2012), 『사회적기업, 아름다운 경영이야기』, ㈜시그마프레스.

조효제(2013), 『NGO시대의 지식키워드 21』, 아르케.

지은구 외(2015), 『최신사회문제론』, 학지사.

제러미 리프킨 지음, 이영호 옮김(2009), 『노동의 종말』, 민음사.

제러미 리프킨(Jeremy Rifikin)(2014), 『한계비용 제로사회』, 민음사.

클라우드 슈밥(Klaus Schwab)(2016), 『제4차 산업혁명』, 새로운 현재.

프란츠 카프카(Kafka Franz)(2012), 『변신 외』, 김시오 옮김, 브라운힐.

프랜시스 웨슬리 외 (2009), 『누가 세상을 바꾸는가』, 강성구 옮김, 하라다 에이지.

한계레경제연구소 (2013), 『사회적 기업을 어떻게 혁신할 것인가』, 아르케.

홍승표(2005), 『동양사상과 탈현대』, 예문서원.

홍승표(2010), 『동양사상과 새로운 유토피아』, 계명대학교 출판부.

홍승표(2011), 『동양사상과 탈현대적 삶』, 계명대학교 출판부.

홍승표(2012), 『탈현대와 동양사상의 재발견』, 계명대학교 출판부.

홍승표(2014), 『주역과 탈현대 문명』, 도서출판 문사철.

논문

금종례(2014), “다문화가족 근로자 고용요인이 사회적기업 활성화에 미치는 영향분석”, 『한국정책연구』 14(4): 173~188, 김광기 외 (2010), 『현대사회문제론』, 파란마음.

권상우(2011), “한국형 사회적 기업 모색: 주자학 ‘社倉制’의 현대적 변용을 중심으로”, 『철학논총』 63: 3~31.

권상우(2014), “지산(芝山) 조호익(曺好益)의 신뢰철학”, 『민족문화논총』 56: 179~209.

김동일(2015), “인성교육 5개년 종합계획(안)”, 『인성교육 5개년 종합계획 공청회』, 교육부.

김보경(2015), "소외된 인성의 길 찾기: 유교와 불교의 인성개념을 중심으로", 『사회사상과 문화』 18권 3호: 33~68.

김성금(2015), "다문화교육의 목표로서 '창조적 소수자'의 가능성 모색", 『문화교류연구』 4(1): 5~29.

김성수(2013), "글쓰기는 생각쓰기이자 삶쓰기", 『우리말교육현장연구』 7(2): 7~38.

김수진(2015), 인성교육의 주요 접근, 『교육과정연구』 33(2), 한국교육과정학회, 207~229.

김윤태 외(2015). "빈곤의 다차원성", 『비판사회정책』 48: 146~186.

김정민(2014), 『한국교육개발원 교육여론조사』, 한국교육개발원.

김준호(2012), "세계화:이론적 재조망", 『인문과학연구』 20: 65~86.

김태완 외(2015), "노인의 빈곤과 우울에 관한 연구", 『보건사회연구』 35(3): 71~102.

김효순(2013), "사회적 기업 활동을 통한 빈곤여성가구주의 취업경험에 관한 탐색적 연구", 『한국사회복지학』 65(1): 33~53.

박용익(2015), "이상적 의사소통에 대한 유교적 관념", 『텍스트언어학』 39권: 35~70.

박형신·정수남(2013), "고도 경쟁 사회 노동자의 감정과 행위 양식- 공포의 감정동학을 중심으로", 『사회와 이론』 23: 205~252.

백영경(2014), "사회과학적 개념과 실천으로서의 위기: 위기 개념에 대한 인류학적 접근의 모색", 『한국문화인류학』 47(1): 251~288.

송인욱 외(2015), "중고령 장애인의 사회적 배제가 빈곤에 미치는 영향", 『한국콘텐츠학회논문지』 15(8): 226~235.

송태수 (2012), "사회적 기업의 지속가능한 발전에 관한 소고", 『한국정책연구』 12(4): 289~304.

유석춘·장미혜(1999), 「한국의 비영리, 비정부영역과 사회발전: 연고집단을 중심으로」, 『동서연구』, 10권 2호, 연세대 동서문제연구원, p.138.

윤송아·차성연(2015), "문학텍스트의 인성교육적 활용 가능성- 교육연극적 방법론의 글쓰기 수업 적용 사례를 중심으로", 『한민족문화연구』 48: 577~605.

이경선 외(2015), "장애인 고용 사회적기업에 관한 국내 연구동향", 『장애와 고용』 25(3): 101~123.

이민홍 외(2015), "사회자본이 노인문제에 미치는 영향에 관한 연구", 『한국사회복지행정학』 17(3): 85~110.

이신모 외(2009), "사회적 기업 창업을 통한 청년실업해소", 『한국창업학회지』 4(3): 71~102.

이승연(2015), "주자 교육 사상의 현대적 독해", 『사회사상과 문화』 18(1): 59~88.

이승환(2011), "유교전통에서 본 소통의 정치", 『오늘의 동양사상』 22: 83~100.

이정규(2009), "삶의 만족감과 사회적 자본: 시민적 참여, 신뢰, 사회적 자원의 효과를 중심으로", 『인문사회과학연구』 제22집: 5~40.

이종원 외(2013), "기업의 사회적 책임활동", 『한국비영리연구』 12(1): 177~208.

이준일(2012), "차별, 소수자, 국가인권위원회", 『헌법학연구』 18(2): 177~222.

이현지(2014), "현대 한국인의 삶의 양식과 『노자』의 해법", 『한국학논집』 54: 247~264.

이현지(2015), "율곡 사상의 탈현대적 함의", 『율곡학연구』 30: 119~142.

이현지·이기홍(2012), "『논어』의 중용사상과 마음공부", 『동양사회사상』 25: 35~57.

이현지·정재걸·홍승표(2013), "마음교육철학으로서 『주역』에 대한 일고찰", 『교육철학』 49: 189~207.

정승안(2011), "일상생활의 위기와 운세산업의 사회적 의미", 『문화경제연구』 14(1): 211~230.

정자유(2015), "한국적 다문화사회로의 진입, 이대로 괜찮은가?", 『월간 복지

동향』 197: 22~25.
정환수(2013), “한국사회 노인문제에 관한 철학적 고찰”, 『새한철학회』 71(1): 335~354.
정재걸(2007), “나는 누구인가?: ‘유식 30송’의 경우”, 『교육철학』 32: 245~274.
정재걸(2015), “극기(克己)와 무아(無我)의 교육학”, 『사회사상과 문화』 18(1): 29~57.
정재걸·이현지(2014), “유학의 본성과 탈현대 교육”, 『초등도덕교육』 44: 407~432.
조지영 외(2013), “누가 다문화 사회를 노래하는가?”, 『한국사회학』 47(5): 101~137.
최나래 외(2014), “자본주의의 다양성과 사회적 기업”, 『평화연구』 22(1): 309~343.
최유진(2014), “문화예술분야 사회적기업의 성공요인 분석.” 『문화콘텐츠연구』 4: 7~32.
황선재 (2015), “불평등과 사회적 위험.”, 『보건사회연구』 35(1): 5~25
홍승표(2015), “유교 마음공부의 탈현대적 함의”, 『한국학논집』 60: 189~208.

네이버 지식백과(2010), 사회적 자본[Social Capital].
KBS(2011), 『소셜 디자인 프로젝트 사회적 자본』.
글로벌이코노믹(2015년 12월 18일자), “마음치유 자판기, 대학로에 등장…서울문화재단, 21일부터 서울연극센터서 ‘마음약방’ 2호점 운영.”
동아일보(2016년 4월 11일자), “한국 공동체지수 OECD국가 중 꼴찌…주차장 불화-고독死 많아”.
사이언스타임즈(2016년 7월 15일자), “과학은 세계 누구나 통하는 공용어.”
중앙일보(2015년 6월 10일자), “인성교육 강화해도 학원 다닐 필요 없어요”.

헤드라인 제주(2014년 10월 15일자), “초등학생 스트레스 1위…학원, 과외, 숙제, 너무 많아요.”

헤럴드경제뉴스(2016년 2월 6일자), “[한국의 경제행복지수] 삶의 만족도 OECD 하위권…노후-주택-양육 부담에 ‘헉헉’”.

저자 소개

권상우

—

계명대학교 Tabula Rasa College 조교수로 재직 중이다.
中國社會科學院 哲學硏究所에서 박사학위를 받았다.
주요 관심 분야는 Tabula Rasa 교양교육, 유학의 소통과 융합 등이다.

권의섭

—

계명대학교 Tabula Rasa College 조교수로 재직 중이다.
계명대학교에서 철학 박사학위를 받았고,
경북대학교에서 박사후연수를 했다.
주요 관심 분야는 탈현대철학, 철학교육, 윤리학 등이다.

이현지

—

계명대학교 Tabula Rasa College 조교수로 재직 중이다.
계명대학교에서 사회학 박사학위를 받았고,
중국사회과학원에서 박사후연수를 했다.
주요 관심 분야는 동양사회사상, 한의철학, 마음공부 등이다.